D1985221

2023 Chantal Sebrantke
Die Customer Journey als Grundlage Ihrer Marketing- und Unternehmensstrategie
Softcover-Workbook
ISBN: 978-3-911126-01-4

1. Auflage

Autorin und Herausgeberin:
Chantal Sebrantke
Schulstraße 1
26135 Oldenburg
chantal@marketingfee.design
www.marketingfee.design

Cover und Gestaltung: Chantal Sebrantke

E-Book Plattform und Druckerei:
KDP von Amazon Media EU S.á.r.l.
38 Avenue John F. Kennedy -L-1855 Luxembourg
*

Bibliografische Informatikon der deutschen Nationalbibliothek: Die Deutsche Nationalbibliothek verzeichnet diese Publikation in der Deutschen Nationalbibliografie; detaillierte bibliografische Daten sind im Internet über http://dnb-nb.de abrufbar.

Bilder: Canva

VORWORT

Dieses Buch ist das Ergebnis umfangreicher Forschung und praktischer Erfahrungen und zielt darauf ab, Ihnen nicht nur theoretisches Wissen, sondern auch praktische Werkzeuge und Strategien an die Hand zu geben.

Wir werden gemeinsam die verschiedenen Phasen der Customer Journey erkunden, von der ersten Bewusstseinsbildung bis hin zur langfristigen Kundenbindung. Dabei werden wir uns mit den Herausforderungen und Chancen befassen, die jede Phase mit sich bringt, und innovative Ansätze und Technologien untersuchen, die zur Verbesserung der Kundenerfahrung eingesetzt werden können.

Mein Ziel ist es, Ihnen ein umfassendes Verständnis der Customer Journey zu vermitteln und Sie zu befähigen, die Beziehungen zu Ihren Kunden zu stärken und zu vertiefen. Egal, ob Sie ein erfahrener Marketingprofi sind oder gerade erst Ihre Reise in die Welt des Kundenmanagements beginnen, dieses Workbook bietet wertvolle Einblicke und Anleitungen, die auf eine Vielzahl von Branchen und Geschäftsmodellen anwendbar sind.

Ich lade Sie ein, sich mir auf dieser spannenden Reise anzuschließen, um die Kunst und Wissenschaft der Customer Journey zu entdecken und zu meistern. Lassen Sie uns gemeinsam die Wege erkunden, wie wir die Beziehungen zu unseren Kunden stärken und ein außergewöhnliches Kundenerlebnis schaffen können, das nicht nur zufriedenstellt, sondern begeistert.

Viel Erfolg auf Ihrer Reise.

INHALTE

Kapitel 1: Die Definition

Die Customer Journey ist ein umfassender Begriff, der alle Erfahrungen eines Kunden mit einer Marke, einem Produkt oder einer Dienstleistung über verschiedene Berührungspunkte und Kanäle hinweg beschreibt. Sie beginnt beim ersten Bewusstsein eines Bedürfnisses oder Problems und erstreckt sich über die Suche und Bewertung von Lösungen bis hin zum Kauf und der anschließenden Nutzung. Diese Reise endet jedoch nicht mit dem Kaufakt; sie umfasst auch die Nachkaufphase, in der Kundensupport, Produktzufriedenheit und Kundenbindung eine wesentliche Rolle spielen.

Die Customer Journey lässt sich in mehrere Phasen unterteilen: Zunächst das Bewusstsein, in dem der Kunde ein Bedürfnis erkennt, gefolgt von der Erwägungsphase, in der verschiedene Optionen abgewogen werden. Es folgt die Entscheidungsphase, in der eine Kaufentscheidung getroffen wird, und schließlich der Kauf selbst. Nach dem Kauf bewertet der Kunde seine Erfahrung, was bei positivem Ausgang zu Loyalität und Weiterempfehlung führen kann.

Ein zentraler Aspekt der Customer Journey sind die Touchpoints, also die Punkte, an denen der Kunde mit der Marke in Kontakt tritt. Diese können sowohl physisch (wie in einem Ladengeschäft) als auch digital (wie über eine Website) sein und umfassen eine Vielzahl von Interaktionen, von Werbung über Kundenbewertungen bis hin zu sozialen Medien und Kundenservice.

Die Kanäle, über die diese Interaktionen stattfinden, sind ebenso vielfältig und reichen von Online-Plattformen über Einzelhandelsgeschäfte bis hin zu Callcentern und E-Mail-Kommunikation. Ein wesentlicher Faktor in der Customer Journey ist die emotionale Komponente. Die Gefühle und

Eindrücke, die Kunden während ihrer Reise sammeln, prägen ihre Wahrnehmung und Entscheidungen maßgeblich.
Eine effektive Customer Journey zeichnet sich dadurch aus, dass sie aus der Perspektive des Kunden betrachtet wird. Es geht darum, die Bedürfnisse und Wünsche des Kunden zu verstehen und zu erfüllen. Personalisierung spielt hierbei eine entscheidende Rolle, da sie die Erfahrung jedes einzelnen Kunden relevant und ansprechend gestaltet.
Die Messbarkeit verschiedener Aspekte der Customer Journey ist entscheidend, um die Kundenerfahrung zu verbessern und den Unternehmenserfolg zu steigern. Die Customer Journey ist kein statischer Prozess; sie entwickelt sich ständig weiter, beeinflusst durch sich ändernde Kundenmeinungen, neue Berührungspunkte und Marktveränderungen.
Das Verständnis und die Optimierung der Customer Journey sind für den Erfolg eines Unternehmens von entscheidender Bedeutung. Sie beeinflussen direkt die Kundenzufriedenheit, die Kundenbindung und letztlich die Rentabilität. Ein tiefgreifendes Verständnis der Customer Journey ermöglicht es Unternehmen, gezielte Strategien zu entwickeln, um die Kundenerfahrung an jedem Punkt der Reise zu verbessern.

Marketing ist eine sich ständig erneuernde Disziplin, was sich auch auf die Customer Journey widerspiegelt. Die aktuelle Definition, die sich in Wikipedia findet (Stand 25.11.2023) lautet: "*Customer Journey (ugs. zu dt.: Die Reise des Kunden) ist ein Begriff aus dem Marketing und bezeichnet den Weg, bzw. die einzelnen Zyklen, die ein potenzieller Kunde durchläuft, bevor er sich für den Kauf eines Produktes entscheidet.*
Aus Sicht des Marketing bezeichnet die Customer

Journey alle Berührungspunkte (Touchpoints) – sowohl online, als auch offline – eines Konsumenten mit einer Marke, einem Produkt oder einer Dienstleistung. Hierzu zählen nicht nur die direkten Interaktionspunkte zwischen Kunden und Unternehmen (Anzeige, Werbespot, Webseite usw.), sondern auch die indirekten Kontaktpunkte, an denen die Meinung Dritter über eine Marke, ein Produkt oder eine Serviceleistung eingeholt wird (Bewertungsportale, Userforum, Blog usw.). Kunden informieren sich zunehmend über diese indirekten Kontaktpunkte, welche von den Unternehmen nicht unmittelbar beeinflusst werden können. Ein tiefgehendes Verständnis der gesamten Customer Journey (inkl. direkter und indirekter Kontaktpunkte) ist Grundvoraussetzung für eine kundenorientierte Marketing- und Vertriebsausrichtung."

Darüber steht der Hinweis: "*Dieser Artikel bedarf einer grundsätzlichen Überarbeitung:*

Der Text bezieht sich einseitig auf den Prozess bis zur Kaufentscheidung. Der Begriff CJ wird aber sehr oft dazu verwendet, auch den weiteren Weg des Kunden zu bezeichnen. Klarer wird dies z. B. bei Lizenzmodellen, wo die „Kundenreise" während der gesamten Laufzeit weitergeht."

1.1 DIE BEDEUTUNG DER CUSTOMER JOURNEY FÜR UNTERNEHMEN

Die Bedeutung der Customer Journey in der modernen Geschäftswelt kann nicht hoch genug eingeschätzt werden. Sie ist nicht mehr nur ein Marketingkonzept, sondern ein zentraler Bestandteil der Unternehmensstrategie, der über Erfolg oder Misserfolg in der Kundenbindung und letztlich über den gesamten Geschäftserfolg entscheiden kann. In einer Zeit, in der Kunden mehr Auswahlmöglichkeiten denn je haben und der Zugang zu Informationen nahezu unbegrenzt ist, wird das Verständnis der Customer Journey zum entscheidenden Faktor für Unternehmen, die in diesem dynamischen Umfeld bestehen wollen.

Die Customer Journey beginnt lange bevor der erste Kauf getätigt wird und endet weit nach dem eigentlichen Verkaufsabschluss. Sie umfasst jede Interaktion zwischen Kunde und Unternehmen, von der ersten Wahrnehmung der Marke bis hin zur langfristigen Kundenbindung. Ein tiefes Verständnis dieser Reise ermöglicht es Unternehmen, die Bedürfnisse und Erwartungen ihrer Kunden nicht nur zu erfüllen, sondern zu übertreffen. Dies führt zu einer stärkeren Kundenbindung, erhöhter Kundenzufriedenheit und letztendlich zu einer Steigerung der Kundenloyalität.

Die Analyse der Customer Journey bietet wertvolle Einblicke in das Kundenverhalten. Unternehmen können verstehen, wie Kunden ihre Entscheidungen treffen, welche Faktoren sie beeinflussen und welche Touchpoints für sie am bedeutendsten sind. Diese Erkenntnisse sind entscheidend für die Entwicklung von Produkten und Dienstleistungen, die genau auf die Bedürfnisse der Zielgruppe zugeschnitten sind. Darüber hinaus ermöglicht ein detailliertes Verständnis der Customer Journey eine Personalisierung der Kundenerfahrung, was in der heutigen Zeit ein Schlüsselelement für den Erfolg ist.

Die Optimierung hat auch direkte Auswirkungen auf die Marketing- und Vertriebsstrategien eines Unternehmens. Durch das Verständnis der verschiedenen Phasen, die ein Kunde durchläuft, können Marketingmaßnahmen gezielter und effektiver gestaltet werden. Dies führt nicht nur zu einer höheren Effizienz in der Kundenansprache, sondern auch zu einer besseren Ressourcennutzung und

letztendlich zu einer Steigerung des Return on Investment.
Jeder Berührungspunkt entlang der Customer Journey ist eine Gelegenheit, einen positiven Eindruck zu hinterlassen und die Beziehung zum Kunden zu stärken. Dies reicht
von der Qualität der Website und der Benutzerfreundlichkeit des Online-Shops bis hin zum Kundenservice und After-Sales-Support. Unternehmen, die diese Touchpoints verstehen und optimieren, können die Qualität der Kundenerfahrung signifikant verbessern und eine emotionale Bindung zur Marke aufbauen.
Eine positive Customer Journey führt nicht nur zu einer höheren Kundenzufriedenheit, sondern auch zu einer stärkeren Kundenbindung. Zufriedene Kunden neigen dazu, wiederzukehren und werden oft zu Botschaftern der Marke, die durch positive Mundpropaganda neue Kunden anziehen. In einem hart umkämpften Markt kann ein fundiertes Verständnis und eine effektive Gestaltung der Customer Journey einen entscheidenden Wettbewerbsvorteil bieten.
Die Customer Journey ist auch ein wichtiges Instrument zur Sammlung von Kundenfeedback. Dieses Feedback ist unerlässlich für kontinuierliche Verbesserungen und Innovationen. Unternehmen, die auf das Feedback ihrer Kunden hören und entsprechend handeln, können ihre Produkte und Dienstleistungen kontinuierlich verbessern und sich so an die sich ständig ändernden Marktbedingungen anpassen.
Die Customer Journey ist also weit mehr als nur ein Konzept für die Kundeninteraktion. Sie ist ein entscheidendes strategisches Werkzeug, das Unternehmen nutzen können, um ihre Beziehungen zu Kunden zu stärken, ihre Marktposition zu verbessern und ihren langfristigen Erfolg zu sichern. In einer Welt, in der

die Kundenerwartungen ständig steigen und die Loyalität schwer zu gewinnen ist, wird die Fähigkeit, eine herausragende Customer Journey zu gestalten, zum Schlüssel für den unternehmerischen Erfolg.

1.2 DIE BEDEUTUNG DER CUSTOMER JOURNEY FÜR UNTERNEHMEN

Das Verständnis der Kundenpsychologie und des Kaufverhaltens ist ein entscheidender Faktor für den Erfolg in der heutigen Geschäftswelt. In diesem Kapitel tauchen wir in die Tiefen dieser komplexen Themen ein, um zu erkunden, wie Emotionen, Wahrnehmungen, kulturelle Hintergründe und persönliche Erfahrungen die Entscheidungen der Verbraucher beeinflussen. Diese Erkenntnisse sind von unschätzbarem Wert für Unternehmen, die ihre Marketingstrategien verfeinern und die Customer Journey ihrer Kunden optimieren möchten.

Ein wesentlicher Aspekt, den wir betrachten, ist die Rolle der Emotionen im Kaufprozess. Emotionen sind oft die treibende Kraft hinter Kaufentscheidungen, und wir untersuchen, wie sowohl positive als auch negative Emotionen das Verhalten der Konsumenten beeinflussen können. Dieses Wissen ist entscheidend für Marken, die eine emotionale Verbindung zu ihren Kunden aufbauen und dadurch die Kundenbindung stärken möchten.

Ein weiterer Fokus liegt auf dem Einsatz von Storytelling und der Schaffung einzigartiger Markenerlebnisse. Diese Methoden sind äußerst wirksam, um emotionale Reaktionen hervorzurufen und eine tiefere Bindung zwischen Kunde und Marke zu etablieren. Durch ansprechende Geschichten und fesselnde Erlebnisse können Unternehmen eine stärkere Loyalität und positive Mundpropaganda fördern.

Darüber hinaus beleuchten wir, wie kulturelle und soziale Faktoren das Kaufverhalten prägen. Jede Kultur hat ihre eigenen spezifischen Werte und Normen, die das Konsumverhalten ihrer Mitglieder beeinflussen. Ein Verständnis für diese kulturellen Unterschiede ermöglicht es Unternehmen, ihre Marketingbotschaften und Produkte effektiver auf unterschiedliche Zielgruppen abzustimmen.

Schließlich betrachten wir die Bedeutung individueller Erfahrungen im Kaufprozess. Jeder Kunde bringt seine eigene Geschichte und seine persönlichen Vorlieben in die Kaufentscheidung ein. Unternehmen, die diese individuellen Erfahrungen erkennen und darauf eingehen, können maßgeschneiderte und relevante Kundenerlebnisse schaffen, die weit über den eigentlichen Kaufakt hinausgehen und langfristige Beziehungen fördern.

Beispiel: Ein Online-Bekleidungsgeschäft

Ein Online-Bekleidungsgeschäft möchte seine Verkaufszahlen steigern und gleichzeitig eine stärkere Bindung zu seinen Kunden aufbauen. Um dies zu erreichen, entscheidet sich das Unternehmen, die Prinzipien der Kundenpsychologie und des Kaufverhaltens in seine Strategie zu integrieren.

1. Emotionale Verbindung durch Storytelling: Das Unternehmen beginnt damit, seine Marke durch Storytelling neu zu positionieren. Es erzählt die Geschichte hinter seinen Produkten, wie zum Beispiel die nachhaltige Herstellung der Kleidung oder die Unterstützung lokaler Handwerker. Diese Geschichten sprechen die Emotionen der Kunden an, insbesondere diejenigen, die Wert auf Nachhaltigkeit und ethische Produktion legen.

2. Personalisierung der Kundenerfahrung: Basierend auf dem Kaufverhalten und den Präferenzen der Kunden personalisiert das Unternehmen seine Website und E-Mail-Kommunikation. Kunden, die sich beispielsweise für umweltfreundliche Produkte interessieren, erhalten personalisierte Empfehlungen und Inhalte, die sich auf Nachhaltigkeit konzentrieren.

3. Berücksichtigung kultureller Unterschiede: Das Unternehmen erkennt, dass seine Kundenbasis kulturell vielfältig ist. Es passt seine Marketingkampagnen an, um verschiedene kulturelle Feiertage und Traditionen zu berücksichtigen, und stellt sicher, dass die Produktlinien die kulturelle Vielfalt seiner Kunden widerspiegeln.

4. Reaktion auf individuelle Kundenfeedbacks: Das Unternehmen sammelt aktiv Kundenfeedback und reagiert darauf. Beispielsweise führt es auf Kundenwunsch eine neue Produktlinie mit größeren Größen ein. Diese Reaktion auf direktes Kundenfeedback zeigt, dass das Unternehmen die Bedürfnisse und Wünsche seiner Kunden ernst nimmt.

1.3 DIE VERSCHIEDENEN PHASEN DER CUSTOMER JOURNEY

In diesem Kapitel widmen wir uns den verschiedenen Phasen der Customer Journey, einem zentralen Konzept im modernen Marketing. Die Customer Journey beschreibt den gesamten Weg, den ein Kunde von der ersten Wahrnehmung einer Marke bis hin zur endgültigen Kaufentscheidung und darüber hinaus geht. Dieser Prozess ist nicht linear, sondern ein komplexes Geflecht aus verschiedenen Berührungspunkten und Erfahrungen. Ein tiefes Verständnis dieser Phasen ist entscheidend für Unternehmen, um effektive Strategien zur Kundenbindung und -gewinnung zu entwickeln.

Die Awareness-Phase der Customer Journey

Die Awareness-Phase, auch als Bewusstseinsphase bekannt, ist der kritische erste Schritt in der Customer Journey. In dieser Phase wird der potenzielle Kunde zum ersten Mal auf ein Produkt, eine Dienstleistung oder eine Marke aufmerksam. Dieser erste Kontakt ist entscheidend, da er den Grundstein für alle weiteren Interaktionen legt. In dieser Phase geht es darum, Aufmerksamkeit zu erregen und ein anfängliches Interesse zu wecken.

1. Kanäle zur Bewusstseinsschaffung: Unternehmen nutzen verschiedene Kanäle, um Bewusstsein zu schaffen.

Dazu gehören traditionelle Medien wie Fernsehen und Printmedien, aber zunehmend auch digitale Kanäle wie soziale Medien, Suchmaschinenmarketing und Online-Werbung. Influencer-Marketing und Content-Marketing sind ebenfalls effektive Methoden, um in dieser Phase Aufmerksamkeit zu erregen.

2. Bedeutung von Markenbotschaften: In der Awareness-Phase ist es wichtig, dass die Markenbotschaft klar, ansprechend und relevant für die Zielgruppe ist. Die Botschaft sollte die Einzigartigkeit der Marke oder des Produkts hervorheben und die Neugier der potenziellen Kunden wecken. Eine starke, konsistente Markenbotschaft hilft dabei, sich von der Konkurrenz abzuheben und ein positives Markenimage aufzubauen.

3. Emotionaler Anschluss: Emotionale Anknüpfungspunkte sind in dieser Phase besonders wirkungsvoll. Menschen reagieren oft stärker auf Botschaften, die Emotionen hervorrufen, sei es Freude, Überraschung, Vertrauen oder Inspiration. Kampagnen, die eine emotionale Reaktion auslösen, können dazu beitragen, eine tiefere Verbindung zur Marke herzustellen und die Erinnerung an die Marke zu verstärken.

4. Erste Berührungspunkte: Die ersten Berührungspunkte in der Awareness-Phase sollten darauf ausgerichtet sein, einen bleibenden Eindruck zu hinterlassen. Dies kann durch kreative Werbung, auffällige Designs, interessante Inhalte oder interaktive Erlebnisse erreicht werden. Ziel ist es, dass sich die Marke oder das Produkt in den Köpfen der Zielgruppe festsetzt.

5. Messung des Erfolgs: Um den Erfolg in der Awareness-Phase zu messen, können Unternehmen verschiedene Metriken heranziehen, wie z.B. Reichweite, Impressions, Website-Traffic oder die Anzahl der Follower in sozialen Netzwerken. Diese Daten helfen dabei, die Effektivität der eingesetzten Strategien zu bewerten und gegebenenfalls Anpassungen vorzunehmen.

Insgesamt ist die Awareness-Phase ein entscheidender Moment in der Customer Journey. Sie legt das Fundament für die Beziehung zwischen Kunde und Marke und beeinflusst maßgeblich, ob ein potenzieller Kunde in die nächste Phase der Customer Journey übergeht. Ein effektiver Ansatz in dieser Phase kann die Weichen für eine erfolgreiche Kundenbeziehung stellen.

Die Erwägungsphase (Consideration Phase) der Customer Journey

Nachdem die Awareness-Phase das Interesse und die Aufmerksamkeit der potenziellen Kunden geweckt hat, folgt die Erwägungs- oder Consideration-Phase. In dieser Phase beginnen die Kunden, aktiv Informationen zu sammeln und die verschiedenen verfügbaren Optionen zu bewerten. Sie sind noch nicht bereit zu kaufen, aber sie denken ernsthaft darüber nach, welche Produkte oder Dienstleistungen ihre Bedürfnisse am besten erfüllen könnten.

1. Informationsrecherche: Kunden nutzen in dieser Phase verschiedene Quellen, um Informationen zu sammeln. Dazu gehören die Website des Unternehmens, Kundenbewertungen, Foren, soziale Medien und Vergleichsseiten. Unternehmen müssen sicherstellen, dass sie überall dort präsent sind, wo potenzielle Kunden nach Informationen suchen könnten.

2. Inhalte von hoher Qualität: Um die Kunden in dieser Phase zu unterstützen, sollten Unternehmen hochwertige, informative und überzeugende Inhalte bereitstellen. Dazu gehören detaillierte Produktbeschreibungen, informative Blogbeiträge, FAQs, Kundenbewertungen und Vergleichsleitfäden. Diese Inhalte sollten darauf abzielen, die Fragen und Bedenken der Kunden zu beantworten und die Vorteile des eigenen Angebots hervorzuheben.

3. Engagement und Interaktion: In der Erwägungsphase ist es wichtig, mit potenziellen Kunden zu interagieren und

ein Engagement aufzubauen. Dies kann durch Online-Chats, Social-Media-Interaktionen, personalisierte E-Mails oder Kunden-Hotlines erfolgen. Ein proaktiver Kundenservice kann dazu beitragen, Vertrauen aufzubauen und die Kunden bei ihrer Entscheidungsfindung zu unterstützen.

4. Demonstration von Expertise und Vertrauenswürdigkeit: Unternehmen sollten in dieser Phase ihre Expertise und Glaubwürdigkeit unter Beweis stellen. Dies kann durch Fallstudien, Kundenreferenzen, Zertifizierungen und Auszeichnungen geschehen. Kunden suchen nach Bestätigung, dass sie die richtige Wahl treffen, und solche Beweise können ihre Entscheidung positiv beeinflussen.

5. Personalisierung: Personalisierung spielt eine wichtige Rolle in der Erwägungsphase. Durch personalisierte Kommunikation und Angebote, die auf die spezifischen Bedürfnisse und Interessen der Kunden zugeschnitten sind, können Unternehmen die Relevanz ihres Angebots unterstreichen und die Wahrscheinlichkeit eines Kaufs erhöhen.

6. Messung und Analyse: Unternehmen sollten die Interaktionen in dieser Phase sorgfältig messen und analysieren. Dazu gehören die Verfolgung der Website-Navigation, die Analyse des Engagements bei E-Mails und Social Media sowie die Überwachung von Konversionsraten. Diese Daten helfen dabei, die Effektivität der Strategien zu bewerten und gegebenenfalls Anpassungen vorzunehmen.

In der Erwägungsphase geht es darum, den potenziellen Kunden mit den richtigen Informationen und dem richtigen Engagement zu versorgen, um sie auf ihrem Weg zur Kaufentscheidung zu unterstützen. Ein effektives Management dieser Phase kann die Grundlage für eine erfolgreiche Konversion in der nächsten Phase der Customer Journey legen.

Die Entscheidungsphase (Decision Phase) in der Customer Journey

Die Entscheidungsphase ist ein kritischer Moment in der Customer Journey, in dem der Kunde seine finale Entscheidung trifft, ob er ein Produkt kauft oder eine Dienstleistung in Anspruch nimmt. Diese Phase folgt auf die Bewusstseins- und Erwägungsphasen, in denen der Kunde das Produkt oder die Dienstleistung kennengelernt und erwogen hat. In der Entscheidungsphase wägt der Kunde alle gesammelten Informationen ab und entscheidet sich, ob der Wert des Angebots seinen Bedürfnissen und Erwartungen entspricht.

1. Bewertung der Optionen: Kunden vergleichen in dieser Phase oft verschiedene Produkte oder Dienstleistungen, um die beste Option zu finden. Sie berücksichtigen Faktoren wie Preis, Qualität, Funktionen, Kundenbewertungen und Markenreputation.

2. **Einfluss von Marketing und Werbung:** Effektive Marketingstrategien können in dieser Phase eine entscheidende Rolle spielen. Zielgerichtete Werbung, überzeugende Verkaufsbotschaften und Sonderangebote können den Kunden dazu bewegen, sich für ein bestimmtes Produkt oder eine Dienstleistung zu entscheiden.
3. **Berücksichtigung von Kundenbewertungen und Empfehlungen:** Kunden suchen oft nach Bewertungen und Empfehlungen von anderen Kunden, um ihre Entscheidung zu stützen. Positive Bewertungen und Testimonials können das Vertrauen in das Produkt oder die Dienstleistung stärken.
4. **Risikominderung:** Kunden sind in dieser Phase oft auf der Suche nach Faktoren, die das wahrgenommene Risiko eines Kaufs reduzieren. Garantien, Rückgaberechte und Kundenservice-Versprechen sind wichtige Faktoren, die die Entscheidung beeinflussen können.
5. **Emotionaler Einfluss:** Die Entscheidung wird nicht nur rational getroffen. Emotionale Faktoren wie Markenimage, das Gefühl der Dringlichkeit (z.B. durch zeitlich begrenzte Angebote) und persönliche Vorlieben spielen ebenfalls eine Rolle.
6. **Endgültige Entscheidung:** Letztendlich trifft der Kunde eine Entscheidung, basierend auf einer Kombination aus rationalen Überlegungen und emotionalen Einflüssen. Diese Entscheidung kann entweder zum Kauf führen oder dazu, dass der Kunde sich gegen das Produkt oder die Dienstleistung entscheidet.
7. **Nachkauf-Überlegungen:** Selbst nach der Entscheidung können Zweifel oder Bedenken auftreten, bekannt als "Kaufreue". Unternehmen können diese

Phase beeinflussen, indem sie Nachkauf-Kommunikation und Support anbieten, um das Vertrauen des Kunden in seine Entscheidung zu stärken.

In der Entscheidungsphase ist es für Unternehmen entscheidend, die richtigen Informationen, Anreize und Unterstützung zu bieten, um den Kunden bei seiner Entscheidung zu unterstützen und zu einem positiven Ergebnis zu führen. Ein tiefes Verständnis der Kundenbedürfnisse und -präferenzen ist hierbei unerlässlich, um effektive Strategien zu entwickeln, die den Kunden zum Kauf bewegen.

Die Kaufphase (Purchase Phase) der Customer Journey

Die Kaufphase ist der Moment, in dem der Kunde seine Entscheidung trifft und das Produkt oder die Dienstleistung erwirbt. Diese Phase ist entscheidend, da hier die tatsächliche Transaktion stattfindet. Für Unternehmen ist es wichtig, dass dieser Schritt so reibungslos und angenehm wie möglich gestaltet wird, um eine positive Kundenerfahrung zu gewährleisten und die Grundlage für zukünftige Interaktionen zu legen.

1. Einfacher und intuitiver Kaufprozess: Der Kaufprozess sollte so gestaltet sein, dass er für den Kunden einfach und intuitiv ist. Dies umfasst einen klaren und schnellen Checkout-Prozess, logisch strukturierte Schritte und die Minimierung der erforderlichen Eingaben. Ein komplizierter oder zeitaufwendiger Kaufprozess kann Kunden abschrecken und zu Kaufabbrüchen führen.

2. Vielfältige Zahlungsoptionen: Unternehmen sollten eine Vielzahl von Zahlungsmethoden anbieten, um den unterschiedlichen Präferenzen der Kunden gerecht zu werden. Dazu gehören Kreditkarten, PayPal, Sofortüberweisung, Rechnungskauf und möglicherweise auch neuere Zahlungsmethoden wie Kryptowährungen oder mobile Zahlungslösungen.

3. Transparente Kommunikation: Klare Informationen über Versandkosten, Lieferzeiten und Rückgaberichtlinien sind in dieser Phase entscheidend. Kunden sollten genau wissen, was sie erwarten können, und das Gefühl haben, dass das Unternehmen transparent und ehrlich mit ihnen kommuniziert.

4. Bestätigung und Dank: Nach dem Kauf sollten Kunden eine sofortige Bestätigung ihrer Bestellung erhalten, idealerweise sowohl auf der Webseite als auch per E-Mail. Eine Dankesnachricht kann ebenfalls eine positive Wirkung haben und den Kunden das Gefühl geben, wertgeschätzt zu werden.

5. Kundensupport: Ein zugänglicher und hilfreicher Kundensupport ist in der Kaufphase unerlässlich. Kunden sollten die Möglichkeit haben, bei Fragen oder Problemen während des Kaufprozesses schnell Hilfe zu erhalten.

6. Cross-Selling und Up-Selling: Die Kaufphase bietet auch Gelegenheiten für Cross-Selling und Up-Selling. Unternehmen können verwandte Produkte oder Premium-Versionen anbieten, die den Bedürfnissen der Kunden entsprechen könnten. Dies sollte jedoch auf eine Weise geschehen, die nicht aufdringlich wirkt und den Kunden Mehrwert bietet.

In der Kaufphase geht es darum, den Kaufprozess so angenehm und problemlos wie möglich zu gestalten. Eine positive Erfahrung in dieser Phase kann nicht nur den aktuellen Verkauf sichern, sondern auch die Grundlage für zukünftige Käufe und eine langfristige Kundenbeziehung schaffen. Unternehmen, die in dieser Phase auf die Bedürfnisse ihrer Kunden eingehen, können ihre Kundenbindung und ihren Umsatz steigern.

Die Nachkaufphase (Post-Purchase Phase) der Customer Journey

Die Nachkaufphase ist ein entscheidender Abschnitt in der Customer Journey, der oft den Unterschied zwischen einer einmaligen Transaktion und einer langfristigen Kundenbeziehung ausmacht. In dieser Phase geht es darum, den Kunden nach dem Kauf zu betreuen und eine positive, anhaltende Beziehung aufzubauen. Dies kann die Kundenzufriedenheit steigern, zu wiederholten Käufen führen und die Kunden dazu veranlassen, die Marke weiterzuempfehlen.

1. Auftragsabwicklung und Lieferung: Eine schnelle und zuverlässige Auftragsabwicklung ist in der Nachkaufphase von großer Bedeutung. Kunden sollten regelmäßig über den Status ihrer Bestellung informiert werden, einschließlich Versandbestätigungen und voraussicht-ichen Lieferzeiten. Eine transparente und effiziente Lieferkette trägt wesentlich zur Kundenzufriedenheit bei.

2. Kundenservice und Support: Nach dem Kauf benötigen Kunden möglicherweise Unterstützung, sei es bei Fragen zur Produktverwendung, bei technischen Problemen oder bei Rücksendungen. Ein zugänglicher, reaktionsschneller und hilfreicher Kundenservice ist entscheidend, um Vertrauen und Zufriedenheit zu fördern. Dies kann durch
verschiedene Kanäle wie Telefon, E-Mail, Chat oder soziale Medien erfolgen.

3. Feedback und Bewertungen: Unternehmen sollten aktiv Feedback und Bewertungen von ihren Kunden einholen. Dies zeigt, dass das Unternehmen Wert auf die Meinung seiner Kunden legt und bestrebt ist, seine Produkte und Dienstleistungen kontinuierlich zu verbessern. Kundenbewertungen können auch anderen potenziellen Kunden wertvolle Einblicke bieten und das Vertrauen in die Marke stärken.

4. Dankbarkeit zeigen und Wertschätzung ausdrücken: Eine einfache Dankesnachricht oder eine kleine Geste der Wertschätzung kann einen großen Unterschied in der Wahrnehmung der Marke durch den Kunden machen. Dies kann in Form von Dankes-E-Mails, Rabattgutscheinen für zukünftige Käufe oder sogar kleinen Geschenken erfolgen.

5. Kundenbindung und Treueprogramme: Die Einführung von Kundenbindungsprogrammen oder Treueprämien kann dazu beitragen, Kunden für ihre Loyalität zu belohnen und sie zu wiederholten Käufen zu ermutigen. Solche Programme können Rabatte, exklusive Angebote, Mitgliedervorteile oder Punktesysteme umfassen.

6. Upselling und Cross-Selling nach dem Kauf: Nachdem der Kunde das Produkt oder die Dienstleistung genutzt hat, können gezielte Upselling- oder Cross-Selling-Angebote effektiv sein. Diese Angebote sollten auf den Bedürfnissen und Interessen des Kunden basieren und ihm einen echten Mehrwert bieten.

7. Langfristige Beziehungspflege: Die Nachkaufphase ist nicht nur eine Gelegenheit, um unmittelbare Bedürfnisse zu adressieren, sondern auch, um eine langfristige Beziehung aufzubauen. Regelmäßige Kommunikation, personalisierte Inhalte und das Eingehen auf individuelle Kundenbedürfnisse können dazu beitragen, eine dauerhafte Bindung zu schaffen.

Insgesamt ist die Nachkaufphase ein kritischer Zeitpunkt, um die Kundenzufriedenheit zu sichern und die Grundlage für eine anhaltende Kundenloyalität zu legen. Unternehmen, die in dieser Phase einen hervorragenden Service bieten und echtes Interesse an der Kundenzufriedenheit zeigen, können eine starke, positive Beziehung zu ihren Kunden aufbauen, die weit über den einzelnen Kauf hinausgeht.

Die Loyalitätsphase (Loyalty Phase) der Customer Journey

Die Loyalitätsphase ist ein entscheidender Abschnitt in der Customer Journey, in dem es darum geht, aus einmaligen Käufern treue und wiederkehrende Kunden zu machen. In dieser Phase steht die Pflege der Kundenbeziehung im Vordergrund, um eine langfristige Bindung an die Marke oder das Unternehmen zu fördern. Eine starke Kundenloyalität kann nicht nur zu wiederholten Käufen führen, sondern auch dazu, dass Kunden zu Botschaftern der Marke werden und diese weiterempfehlen.

1. **Kontinuierliche Kundenpflege:** In der Loyalitätsphase ist es wichtig, die Beziehung zum Kunden kontinuierlich zu pflegen. Dies kann durch regelmäßige Kommunikation, personalisierte Angebote und die Bereitstellung von relevanten und wertvollen Inhalten erfolgen. Ziel ist es, den Kunden das Gefühl zu geben, dass sie geschätzt werden und dass die Beziehung zum Unternehmen fortlaufend Vorteile bringt.
2. **Personalisierte Erlebnisse:** Personalisierung ist ein Schlüsselelement in der Loyalitätsphase. Unternehmen sollten die Präferenzen und das Verhalten ihrer Kunden verstehen und nutzen, um maßgeschneiderte Erlebnisse zu schaffen. Dies kann personalisierte E-Mails, individuell zugeschnittene Angebote oder Empfehlungen umfassen, die auf den bisherigen Interaktionen und Käufen des Kunden basieren.
3. **Kundenbindungsprogramme:** Kundenbindungsprogramme sind ein effektives Werkzeug, um Loyalität zu fördern. Solche Programme können Punktesysteme, Mitgliedervorteile, exklusive Rabatte oder Prämien für wiederholte Käufe umfassen. Der Schlüssel liegt darin, den Kunden einen klaren Mehrwert zu bieten und sie für ihre Treue zu belohnen.

4. Aktives Zuhören und Reagieren: Unternehmen sollten aktiv auf das Feedback und die Bedürfnisse ihrer Kunden hören und entsprechend reagieren. Dies umfasst nicht nur die Berücksichtigung von Kundenfeedback bei Produktverbesserungen, sondern auch das schnelle und effektive Reagieren auf Kundenanfragen und -beschwerden.

5. Community-Bildung: Der Aufbau einer Community um die Marke herum kann ebenfalls zur Kundenloyalität beitragen. Dies kann durch soziale Medien, Markenforen, Kundenveranstaltungen oder Treueclubs erfolgen. Eine starke Community fördert das Gefühl der Zugehörigkeit und kann Kunden dazu ermutigen, sich langfristig mit der Marke zu identifizieren.

6. Exklusivität und Anerkennung: Kunden in der Loyalitätsphase schätzen oft Exklusivität und Anerkennung. Exklusive Angebote, früher Zugang zu neuen Produkten oder spezielle Anerkennungen können dazu beitragen, dass sich Kunden besonders und wertgeschätzt fühlen.

7. Empfehlungsmarketing: Zufriedene und loyale Kunden sind oft die besten Botschafter einer Marke. Unternehmen können Empfehlungsprogramme einführen, die Kunden für das Weiterempfehlen der Marke an Freunde und Familie belohnen.

In der Loyalitätsphase geht es darum, eine tiefe und dauerhafte Beziehung zu den Kunden aufzubauen. Unternehmen, die in dieser Phase erfolgreich sind, schaffen es nicht nur, ihre Kunden zu halten, sondern diese auch in aktive Fürsprecher der Marke zu verwandeln. Langfristige Kundenloyalität ist ein wertvolles Gut, das wesentlich zum anhaltenden Erfolg eines Unternehmens beitragen kann.

Die Advocacy-Phase (Fürsprache) in der Customer Journey

Die Advocacy-Phase ist ein entscheidender Abschnitt in der Customer Journey, in dem zufriedene Kunden zu aktiven Befürwortern und Fürsprechern einer Marke oder eines Produkts werden. Diese Phase geht über die reine Kundenloyalität hinaus, da Kunden nicht nur wiederholt kaufen, sondern auch aktiv die Marke oder das Produkt in ihrem sozialen Umfeld und online empfehlen. Die Bedeutung dieser Phase liegt in der Kraft des persönlichen Einflusses und der Glaubwürdigkeit, die Kundenempfehlungen mit sich bringen.

1. **Kundenempfehlungen:** In der Advocacy-Phase teilen Kunden ihre positiven Erfahrungen mit anderen, sei es durch Mundpropaganda, in sozialen Netzwerken, auf Bewertungsplattformen oder in Blogs und Foren. Diese Empfehlungen sind besonders wertvoll, da sie als authentisch und vertrauenswürdig wahrgenommen werden.
2. **Aufbau einer Marken-Community:** Kunden, die zu Fürsprechern werden, tragen oft aktiv zur Bildung einer Marken-Community bei. Sie beteiligen sich an Diskussionen, teilen Inhalte und sind in Marken-bezogenen Foren und Gruppen aktiv. Diese Communities können eine starke Bindung zur Marke fördern und neue Kunden anziehen.
3. **Kunden-Feedback als Ressource:** In der Advocacy-Phase geben Kunden oft wertvolles Feedback, das Unternehmen nutzen können, um Produkte und Dienstleistungen zu verbessern. Dieses Feedback kann in Form von Kundenrezensionen, Umfragen oder direktem Feedback in sozialen Medien erfolgen.
4. **Nutzung von Kunden-Testimonials:** Unternehmen können die Geschichten und Erfahrungen ihrer Fürsprecher nutzen, indem sie diese in ihre

Marketingmaterialien integrieren. Kunden-Testimonials auf der Website, in Werbekampagnen oder in sozialen Medien können die Glaubwürdigkeit und Attraktivität der Marke erhöhen.

5. Empfehlungsprogramme: Viele Unternehmen setzen Empfehlungsprogramme ein, um die Advocacy-Phase zu fördern. Diese Programme belohnen bestehende Kunden dafür, dass sie neue Kunden werben, oft durch Rabatte, Gutscheine oder andere Anreize.

6. Langfristige Beziehungen: In der Advocacy-Phase geht es auch darum, langfristige Beziehungen zu den Kunden aufzubauen. Unternehmen, die kontinuierlich mit ihren Fürsprechern interagieren und sie wertschätzen, können eine dauerhafte Loyalität und Unterstützung sicherstellen.

7. Einbindung der Fürsprecher in die Markenentwicklung: Einige Unternehmen gehen noch einen Schritt weiter und binden ihre Fürsprecher aktiv in die Entwicklung neuer Produkte oder Dienstleistungen ein. Dies kann durch Co-Creation-Workshops, Kundenpanels oder Beta-Tests geschehen.

In der Advocacy-Phase wird der Kunde zum aktiven Teilnehmer und Botschafter der Marke. Diese Phase ist besonders mächtig, da sie auf authentischen Kundenbeziehungen basiert und ein hohes Maß an Vertrauen und Glaubwürdigkeit mit sich bringt. Unternehmen, die es schaffen, ihre Kunden zu Fürsprechern zu machen, können von einer starken Mundpropaganda profitieren, die oft effektiver ist als traditionelle Werbemaßnahmen.

1.4 BERÜHRUNGSPUNKTE (TOUCHPOINTS) UND IHRE ROLLE

In der Customer Journey sind Berührungspunkte, auch bekannt als Touchpoints, von entscheidender Bedeutung.

Sie repräsentieren die Momente, in denen Kunden direkt oder indirekt mit einer Marke in Kontakt treten. Jeder dieser Berührungspunkte hat das Potenzial, die Wahrnehmung und Erfahrung des Kunden mit der Marke zu beeinflussen und trägt somit wesentlich zur Gesamtbeziehung bei. Daher ist es für Unternehmen unerlässlich, diese Touchpoints sorgfältig zu gestalten und zu optimieren.

Ein Touchpoint kann vielfältig sein – von der Produktverpackung über Werbung und Kundenservice bis hin zur Unternehmenswebsite und Präsenz in sozialen Medien. Selbst Mundpropaganda zählt als indirekter Touchpoint. Jeder dieser Punkte bietet eine einzigartige Gelegenheit, einen positiven Eindruck zu hinterlassen und die Beziehung zum Kunden zu stärken.

Es gibt verschiedene Arten von Touchpoints: physische, wie Ladengeschäfte und Produkte; digitale, wie Websites und Apps; sowie menschliche, wie Kundenservice und Verkaufspersonal. Jede Kategorie bietet spezifische Möglichkeiten für die Interaktion mit dem Kunden und stellt unterschiedliche Herausforderungen dar.

Besonders wichtig sind die ersten Berührungspunkte, da sie den ersten Eindruck eines Kunden prägen. Ein ansprechendes Schaufenster, eine benutzerfreundliche Website oder eine kreative Werbekampagne können das Interesse wecken und sind oft ausschlaggebend für die Initiierung einer Kundenbeziehung.

Ein kritischer Aspekt ist die Konsistenz über alle

Touchpoints hinweg. Inkonsistenzen können beim Kunden Verwirrung stiften und das Vertrauen in die Marke schwächen. Daher ist es wichtig, eine einheitliche Markenbotschaft und -identität über alle Kanäle hinweg zu gewährleisten.

Die Personalisierung der Touchpoints kann die Kundenerfahrung erheblich verbessern. Indem die

Interaktionen an die individuellen Bedürfnisse und Vorlieben des Kunden angepasst werden, fühlt sich dieser verstanden und wertgeschätzt. Dies erhöht die Wahrscheinlichkeit einer positiven Reaktion und fördert die Kundenbindung.

Um die Wirksamkeit der verschiedenen Touchpoints zu verstehen, ist es wichtig, sie kontinuierlich zu messen und zu analysieren. Dies kann durch direktes Kundenfeedback, Datenanalyse und das Tracking von Kundeninteraktionen erfolgen. Die daraus gewonnenen Erkenntnisse sind entscheidend für die kontinuierliche Optimierung der Touchpoints.

In der Entscheidungsfindung des Kunden spielen diese Berührungspunkte eine zentrale Rolle. Positive Erfahrungen an diesen Punkten können den Kunden näher an einen Kauf heranführen, während negative Erfahrungen ihn möglicherweise davon abhalten.

Auch nach dem Kauf bleiben Touchpoints wichtig. Kundenservice, Support und die Nachkauf-Kommunikation sind entscheidend, um die Kundenzufriedenheit zu sichern und eine dauerhafte Kundenbindung zu fördern.

Berührungspunkte in der Customer Journey bieten zahlreiche Möglichkeiten, die Kundenbeziehung zu stärken und ein positives Markenerlebnis zu schaffen. Unterneh-men, die ihre Touchpoints effektiv gestalten und verwalten, können die Kundenzufriedenheit und -bindung erhöhen und somit ihren langfristigen Erfolg sichern.

1.5 Customer Journey Mapping: Werkzeuge und Methoden

Customer Journey Mapping ist ein Tool, das darauf abzielt, ein tiefes Verständnis für die Erfahrungen und

Interaktionen der Kunden eins Unternehmens zu entwickeln. Diese Methode ermöglicht es, die Reise des Kunden von der ersten Wahrnehmung einer Marke bis hin zur Kaufentscheidung und darüber hinaus zu visualisieren und zu analysieren. Durch das Erstellen einer Customer Journey Map können Unternehmen wertvolle Einblicke in die Bedürfnisse, Wünsche und Herausforderungen ihrer Kunden gewinnen, was wiederum die Optimierung von Dienstleistungen, Produkten und Marketingstrategien ermöglicht.

Der Prozess des Customer Journey Mappings beginnt mit dem Verständnis der Grundlagen. Eine Customer Journey Map ist eine visuelle Darstellung aller Berührungspunkte, die ein Kunde mit einer Marke hat. Diese Darstellung hilft dabei, die Reise aus der Perspektive des Kunden zu betrachten und zu verstehen, was Kunden während der verschiedenen Phasen der Customer Journey erleben.

Ein wesentlicher Schritt in diesem Prozess ist die Identifizierung der Kundenpersona. Eine Kundenpersona ist eine semi-fiktive Darstellung des idealen Kunden, basierend auf Marktforschung und realen Daten über bestehende Kunden. Diese Persona hilft dabei, die spezifischen Bedürfnisse, Ziele und Verhaltensweisen der Zielgruppe zu verstehen und ist entscheidend für die Erstellung einer effektiven Map.

Die Sammlung und Analyse von Daten ist ein weiterer kritischer Schritt. Quantitative Daten wie Website-Traffic und Konversionsraten sowie qualitative Daten wie Kundenfeedback und Umfrageergebnisse bieten Einblicke in das Kundenverhalten und die Erfahrungen an den

verschiedenen Touchpoints. Diese Daten sind die Grundlage für das Verständnis der Customer Journey.

Die Customer Journey kann in verschiedene Phasen

unterteilt werden, wie Awareness, Consideration, Decision, Purchase und Post-Purchase. Für jede dieser Phasen sollten die spezifischen Touchpoints, Kundenemotionen, Gedanken und Aktionen identifiziert werden. Dies hilft dabei, ein klares Bild davon zu bekommen, wie Kunden die Marke in jeder Phase wahrnehmen und interagieren.

Die Visualisierung der Customer Journey ist ein zentraler Aspekt dieses Prozesses. Die gesammelten Informationen werden in einer übersichtlichen und verständlichen Form dargestellt, sei es durch Diagramme, Storyboards oder Infografiken. Ziel ist es, ein klares und umfassendes Bild der Kundenreise zu schaffen, das leicht verständlich und zugänglich ist.

Ein wichtiger Teil des Customer Journey Mappings ist die Identifizierung von Schmerzpunkten – Bereiche, in denen Kunden Frustration oder Hindernisse erleben. Gleichzeitig ist es wichtig, Chancen zur Verbesserung der Kundenerfahrung zu erkennen. Diese Erkenntnisse sind entscheidend für die Optimierung der Customer Journey und die Verbesserung der Kundenzufriedenheit.

Für das Customer Journey Mapping gibt es eine Vielzahl von Softwarelösungen und Tools. Diese reichen von einfachen Zeichenprogrammen bis hin zu spezialisierten Mapping-Tools, die eine detaillierte Analyse und Visualisierung ermöglichen. Die Auswahl des richtigen Tools hängt von den spezifischen Bedürfnissen und Ressourcen des Unternehmens ab.

Schließlich ist es wichtig zu verstehen, dass eine Customer Journey Map kein statisches Dokument ist. Sie sollte regelmäßig überprüft und aktualisiert werden, um Veränderungen im Kundenverhalten und im Markt widerzuspiegeln. Dieser iterative Prozess stellt sicher, dass die Map relevant und nützlich bleibt und kontinuierlich zur Verbesserung der Kundenerfahrung beiträgt.

Customer Journey Mapping ist ein dynamischer und

tiefgreifender Prozess, der es Unternehmen ermöglicht, sich in ihre Kunden hineinzuversetzen und ihre Angebote entsprechend anzupassen. Durch ein effektives Mapping können Unternehmen nicht nur die Kundenzufriedenheit erhöhen, sondern auch ihre Produkte und Dienstleistungen optimieren, um den sich ständig ändernden Bedürfnissen und Erwartungen ihrer Kunden gerecht zu werden.

KAPITEL 2: DATENSAMMLUNG

2.1 WIE UND WELCHE DATEN GESAMMELT WERDEN SOLLTEN

Durch das Sammeln von Daten erhalten Unternehmen wertvolle Einblicke in das Verhalten, die Präferenzen und die Bedürfnisse ihrer Kunden. Diese Informationen sind entscheidend, um die Kundenerfahrung zu verbessern und die Kundenbindung zu stärken. In diesem Kapitel werden wir uns darauf konzentrieren, wie und welche Daten für eine effektive Analyse der Customer Journey gesammelt werden sollten.

Zunächst ist es wichtig, die verschiedenen Datenquellen zu verstehen, die für die Sammlung von Kundeninformationen zur Verfügung stehen. Diese Quellen können in interne und externe unterteilt werden. Interne Quellen umfassen CRM-Systeme, Verkaufsdaten und Kundenservice-Protokolle, während externe Quellen Marktforschungsberichte, soziale Medien und Online-Bewertungen einschließen.

Quantitative Daten, wie Website-Traffic, Konversionsraten, Verkaufszahlen und Kundendurchlaufzeiten, sind messbare, zahlenbasierte Informationen, die Aufschluss über das Kundenverhalten geben. Diese Daten können durch Analysetools wie Google Analytics, Verkaufs-datenbanken und

Kundenumfragen gesammelt werden und helfen dabei, Muster und Trends im Kundenverhalten zu erkennen.

Neben quantitativen Daten sind qualitative Daten unerlässlich, um ein tieferes Verständnis für die Einstellungen, Meinungen und Motivationen der Kunden zu entwickeln. Diese Informationen können durch Kundeninterviews, Fokusgruppen, Feedback-Formulare und soziale Medien gewonnen werden. Sie sind besonders wertvoll, um die Gründe hinter bestimmten Verhaltensweisen und Entscheidungen der Kunden zu verstehen.

Kundenumfragen sind ein effektives Werkzeug, um direktes Feedback von Kunden zu erhalten. Sie können genutzt werden, um spezifische Aspekte der Kundenerfahrung zu bewerten, wie die Zufriedenheit mit einem Produkt oder einer Dienstleistung, die Benutzerfreundlichkeit einer Website oder die Qualität des Kundenservices.

Ein weiterer wichtiger Aspekt ist die Analyse von Kundenfeedback, das durch direkte Kommunikation, Bewertungsplattformen oder soziale Medien eingeholt wird. Dieses Feedback ist eine reiche Quelle für qualitative Daten und kann Aufschluss darüber geben, was Kunden schätzen und wo Verbesserungsbedarf besteht.

Beim Sammeln und Analysieren von Kundendaten ist es entscheidend, Datenschutzbestimmungen und ethische Richtlinien zu beachten. Kunden sollten darüber informiert werden, wie ihre Daten gesammelt und verwendet werden, und ihre Privatsphäre muss jederzeit respektiert werden.

Nachdem die Daten gesammelt wurden, folgt die Integration und Analyse. Hierbei werden die verschiedenen Datenquellen zusammengeführt, um ein umfassendes Bild der Customer Journey zu erstellen. Analysetools und -techniken wie Data Mining, statistische Analyse und künstliche Intelligenz können dabei helfen, Muster und Einsichten aus den Daten zu extrahieren.

Abschließend ist die kontinuierliche Datensammlung und -analyse ein wichtiger Aspekt. Es ist wichtig, kontinuierlich Daten zu sammeln und zu analysieren, um Veränderungen im Kundenverhalten und in den Marktbedingungen zu erfassen und darauf reagieren zu können.

Durch die systematische Sammlung und Analyse von Daten können Unternehmen wertvolle Einblicke in die Customer Journey gewinnen. Diese Einblicke sind entscheidend, um die Kundenerfahrung zu verbessern, die Kundenbindung zu erhöhen und letztendlich den Unternehmenserfolg zu steigern. Es ist ein fortlaufender Prozess, der Anpassungsfähigkeit und ein tiefes Verständnis für die Bedürfnisse und Verhaltensweisen der Kunden erfordert.

2.2 KUNDENFEEDBACK UND DESSEN INTEGRATION

Kundenfeedback nutzen schon viele Unternehmen, die bestrebt sind, ihre Customer Journey kontinuierlich zu verbessern und anzupassen. Es bietet direkte Einblicke in die Erfahrungen, Erwartungen und Wahrnehmungen der Kunden. In diesem Kapitel konzentrieren wir uns darauf, wie Kundenfeedback effektiv gesammelt, analysiert und in die Unternehmensstrategie integriert werden kann.

Die Sammlung von Kundenfeedback kann auf vielfältige Weise erfolgen. Neben traditionellen Methoden wie Kundenumfragen, Feedback-Formularen und Fokus-gruppen, bieten in der digitalen Welt soziale Medien, Online-Bewertungsplattformen und E-Mail-Feedback weitere wertvolle Quellen. Es ist entscheidend, Feedback über verschiedene Kanäle zu sammeln, um ein umfassendes Bild der Kundenerfahrungen zu erhalten.

Nach der Sammlung des Feedbacks folgt die Analysephase. Diese kann sowohl qualitative als auch quantitative Methoden umfassen. Qualitative Analysen helfen, die tieferen Gründe und Motivationen hinter dem Feedback zu verstehen, während quantitative Analysen Muster und Trends aufzeigen können. Moderne Analysetools, die künstliche Intelligenz und maschinelles Lernen nutzen, sind in der Lage, große Mengen an Feedback effizient zu verarbeiten und zu analysieren.

Ein wesentlicher Schritt ist die Integration des Feedbacks in die Unternehmensstrategie. Die aus dem Feedback gewonnenen Erkenntnisse sollten genutzt werden, um Entscheidungen über Produktentwicklung, Kundenservice, Marketingstrategien und andere Geschäftsbereiche zu beeinflussen. Die Integration von Kundenfeedback in die strategische Planung stellt sicher, dass die Bedürfnisse und Wünsche der Kunden im Mittelpunkt der Unternehmens-aktivitäten stehen.

Die Reaktion auf Kundenfeedback ist ebenfalls von großer Bedeutung. Kunden schätzen es, wenn ihre Meinungen gehört und ernst genommen werden. Unternehmen sollten daher auf Feedback reagieren, sei es durch direkte Kommunikation mit den Kunden, durch öffentliche Stellungnahmen oder durch sichtbare Veränderungen und Verbesserungen, die auf das Feedback zurückzuführen sind.

Um Kundenfeedback effektiv zu nutzen, ist es wichtig, eine Kultur der Offenheit und des Lernens im Unternehmen zu etablieren. Mitarbeiter sollten ermutigt werden, Feedback zu suchen, zu analysieren und darauf zu reagieren. Eine solche Kultur fördert die kontinuierliche Verbesserung und hilft, das Unternehmen

kundenorientierter zu gestalten.
Schließlich ist die kontinuierliche Überwachung und Anpassung an das Kundenfeedback ein wichtiger Aspekt. Kundenfeedback ist kein statisches Element; es verändert sich ständig. Daher ist es wichtig, das Feedback kontinuierlich zu überwachen und die Unternehmensstrategien entsprechend anzupassen. Dieser fortlaufende Prozess hilft Unternehmen, agil zu bleiben und sich schnell an veränderte Kundenbedürfnisse und Markttrends anzupassen.
Durch die effektive Sammlung, Analyse und Integration von Kundenfeedback können Unternehmen ihre Customer Journey verbessern und eine stärkere Verbindung zu ihren Kunden aufbauen. Kundenfeedback ist ein wertvolles Werkzeug, das es Unternehmen ermöglicht, aus direkten Kundenrückmeldungen zu lernen und ihre Produkte, Dienstleistungen und Kundenerfahrungen kontinuierlich zu verbessern.

2.3 ANALYSEMETHODEN FÜR CUSTOMER JOURNEY DATEN

Die Analyse der Daten aus der Customer Journey ist ein entscheidender Schritt für Unternehmen, um die Erfahrungen und das Verhalten ihrer Kunden zu verstehen und darauf basierend strategische Entscheidungen zu treffen. In diesem Kapitel befassen wir uns mit verschiedenen Analysemethoden, die Unternehmen einsetzen können, um die gesammelten Daten aus der Customer Journey effektiv zu nutzen.
Zunächst ist die deskriptive Analyse der Ausgangspunkt für die Datenanalyse. Sie umfasst die Grundauswertung von Daten, wie die Ermittlung von Durchschnittswerten, Häufigkeiten und anderen statistischen Kennzahlen. Diese Art der Analyse hilft, ein grundlegendes

Verständnis der Daten zu erlangen und Muster oder Trends zu identifizieren.

Die diagnostische Analyse geht einen Schritt weiter und versucht, die Ursachen und Gründe für bestimmte Beobachtungen zu ergründen. Hierbei werden Techniken wie Korrelationsanalysen und Regressionsanalysen eingesetzt, um Beziehungen zwischen verschiedenen Variablen zu verstehen und zu erklären, warum bestimmte Dinge geschehen.

Ein weiterer wichtiger Aspekt ist die prädiktive Analyse, die historische Daten verwendet, um Vorhersagen über zukünftige Ereignisse zu treffen. Mit Hilfe von statistischen Modellen und maschinellem Lernen können Unternehmen Prognosen erstellen, wie sich Kunden in Zukunft verhalten könnten. Dies ist besonders nützlich für die Planung von Marketingkampagnen und die Optimierung der Customer Journey.

Die preskriptive Analyse geht noch einen Schritt weiter und liefert Empfehlungen, wie auf bestimmte Erkenntnisse reagiert werden sollte. Sie nutzt komplexe Algorithmen und maschinelles Lernen, um Handlungsempfehlungen zu geben, die darauf abzielen, bestimmte Ziele zu erreichen oder Probleme zu lösen.

Die Sentiment-Analyse ist besonders nützlich, um qualitative Daten wie Kundenfeedback und Bewertungen zu analysieren. Sie verwendet Natural Language Processing (NLP), um die Stimmung und Meinungen in Textdaten zu identifizieren und zu klassifizieren. Dies hilft Unternehmen zu verstehen, wie Kunden über ihre Produkte oder Dienstleistungen denken und fühlen.

Ein weiterer wichtiger Aspekt ist die Kunden-segmentierung, eine Methode, um Kunden in verschiedene Gruppen zu unterteilen, die ähnliche Eigenschaften oder Verhaltensweisen aufweisen. Dies ermöglicht es Unternehmen, ihre Marketingstrategien und Kundenerfahrungen auf spezifische Kundengruppen zuzuschneiden.

Die Visualisierung von Daten ist ein wichtiger Aspekt der Datenanalyse. Durch die Darstellung von Daten in Form von Diagrammen, Grafiken und Heatmaps können komplexe Informationen verständlich und zugänglich gemacht werden. Dies erleichtert die Interpretation der Daten und die Kommunikation der Erkenntnisse innerhalb des Unternehmens.

Abschließend ist es wichtig, die Analyse der Customer Journey Daten als einen kontinuierlichen Prozess zu betrachten. Regelmäßiges Monitoring und die Anpassung der Analysemethoden sind notwendig, um auf Veränderungen im Kundenverhalten und in den Marktbedingungen reagieren zu können.

Durch die Anwendung dieser Analysemethoden können Unternehmen tiefe Einblicke in die Customer Journey gewinnen und fundierte Entscheidungen treffen, um die Kundenerfahrung zu verbessern und den Unternehmenserfolg zu steigern. Es ist ein dynamischer Prozess, der Flexibilität und ein tiefes Verständnis für die Daten und die Kunden erfordert.

2.4 NUTZUNG VON PERSONAS

Die Nutzung von Personas ist eine zentrale Methode, um die Customer Journey effektiv zu gestalten und zu optimieren. Personas sind detaillierte, semi-fiktive Darstellungen der idealen Kunden eines Unternehmens, basierend auf Marktforschung und realen Daten. Sie bieten tiefe Einblicke in die Bedürfnisse, Verhaltensweisen und Ziele verschiedener Kundensegmente. In diesem Kapitel beleuchten wir, wie Personas in der Gestaltung und Analyse der Customer Journey eingesetzt werden können.

Persona 1
Martha Müller

Hauptmerkmale

Demografische Merkmale: Hierzu gehören Alter, Geschlecht, Familienstand, Beruf, Einkommen und Bildungsniveau.

Kurzbeschreibung

Verhaltensweisen: Hierzu gehören Verhaltensmuster, Einstellungen, Interessen, Hobbys, Gewohnheiten und Meinungen.

Bedürfnisse

Bedürfnisse und Ziele: Hierzu gehören die Bedürfnisse, Ziele und Wünsche, die die Persona hat und die sie dazu motivieren, bestimmte Produkte oder Dienstleistungen zu suchen oder zu kaufen.

Herausforderungen

Schmerzpunkte und Herausforderungen: Hierzu gehören Probleme, Hindernisse oder Herausforderungen, die die Persona bei der Erreichung ihrer Ziele und Bedürfnisse erlebt.

Möglichkeiten

Kaufverhalten: Hierzu gehören das Kaufverhalten und die Kaufmotivation der Persona, wie beispielsweise die Kriterien, die bei Kaufentscheidungen berücksichtigt werden und die bevorzugten Kaufkanäle.

Der Prozess beginnt mit der Erstellung von Personas. Dieser Schritt beinhaltet die Sammlung und Analyse von Daten über die Zielgruppe, einschließlich demografischer Informationen, Verhaltensmustern, Motivationen und Bedürfnissen. Personas sollten spezifische Charakteristika wie Alter, Beruf, Interessen und Lebensstil umfassen, um ein realistisches und umfassendes Bild der Zielkunden zu zeichnen.

Personas sind besonders hilfreich, um die spezifischen Bedürfnisse und Herausforderungen verschiedener Kundengruppen zu identifizieren. Durch das Verständnis dieser Bedürfnisse können Unternehmen ihre Produkte, Dienstleistungen und Marketingstrategien effektiver auf ihre Zielgruppe abstimmen. Indem die Customer Journey an die spezifischen Bedürfnisse und Präferenzen jeder Persona angepasst wird, können Unternehmen eine personalisierte und relevante Erfahrung für verschiedene Kundensegmente schaffen.

Im Bereich der Content-Erstellung sind Personas ein unverzichtbares Werkzeug. Sie ermöglichen es Unternehmen, zielgerichtete und ansprechende Inhalte zu erstellen, die mit den Interessen und Bedürfnissen der jeweiligen Persona übereinstimmen. Auch im Kundenservice können Personas eingesetzt werden, um die Interaktionen mit Kunden zu personalisieren und effektiver zu gestalten. Mitarbeiter können durch das Verständnis der verschiedenen Personas besser auf die spezifischen Bedürfnisse und Erwartungen der Kunden eingehen.

Im Marketing ermöglichen Personas eine gezieltere Ansprache der Zielgruppe. Durch das Verständnis der Charakteristika und Präferenzen der Personas können Marketingkampagnen effektiver gestaltet und auf die richtigen Kanäle ausgerichtet werden. Dies führt zu einer höheren Effektivität der Marketingbemühungen und

Persona 1

Hauptmerkmale

Kurzbeschreibung

Bedürfnisse

Herausforderungen

Möglichkeiten

einer besseren Resonanz bei der Zielgruppe.

Personas sind keine statischen Konstrukte und sollten regelmäßig überprüft und aktualisiert werden. Neue Marktforschungsergebnisse und Kundenfeedback sind entscheidend, um sicherzustellen, dass die Personas weiterhin die Zielgruppe des Unternehmens genau repräsentieren.

Zusammenfassend ermöglicht die Nutzung von Personas in der Customer Journey Unternehmen, ein tieferes Verständnis für ihre Kunden zu entwickeln und ihre Strategien entsprechend anzupassen. Durch die Fokussierung auf die spezifischen Bedürfnisse und Präferenzen ihrer Zielkunden können Unternehmen die Kundenzufriedenheit und -bindung verbessern und letztendlich ihren Erfolg steigern. Personas sind ein dynamisches und leistungsstarkes Werkzeug, das Flexibilität und kontinuierliche Anpassung erfordert, um effektiv zu bleiben.

KAPITEL 3: CUSTOMER JOURNEY MAPPING

Das Verständnis der Customer Journey – des Weges, den Kunden von der ersten Wahrnehmung einer Marke bis zur endgültigen Kaufentscheidung und darüber hinaus beschreiten – ist entscheidender denn je. Hier kommt das Customer Journey Mapping ins Spiel, eine leistungsstarke Methode, die es Unternehmen ermöglicht, sich in ihre Kunden hineinzuversetzen und ihre Erfahrungen aus deren Perspektive zu verstehen.

Customer Journey Mapping ist nicht nur ein Werkzeug zur Visualisierung der Kundenreise, sondern auch ein strategischer Prozess, der tiefgreifende Einblicke in die Interaktionen, Bedürfnisse und Herausforderungen der Kunden bietet. Durch das Erstellen einer Customer Journey Map können Unternehmen die verschiedenen

NAME:

BERUFSBEZEICHNUNG:

STATIONEN IM LEBENSLAUF:

-
-
-
-
-

PERSÖNLICHKEIT:

-
-
-
-
-
-

MOTIVATION:

-
-
-
-
-
-
-
-
-

LIEBLINGSMARKEN:

-
-
-
-
-
-
-
-
-

HOBBYS:

-
-
-
-
-
-
-
-
-

NAME:

BERUFSBEZEICHNUNG:

STATIONEN IM LEBENSLAUF:

-
-
-
-
-
-

PERSÖNLICHKEIT:

-
-
-
-
-
-

MOTIVATION:

-
-
-
-
-
-
-
-
-

LIEBLINGSMARKEN:

-
-
-
-
-
-
-
-
-

HOBBYS:

-
-
-
-
-
-
-
-
-

Berührungspunkte (Touchpoints) identifizieren, an denen Kunden mit ihrer Marke interagieren, und verstehen, wie diese Interaktionen die Kundenwahrnehmung und -entscheidungen beeinflussen.

Diese Methode geht über traditionelle Marketingansätze hinaus, indem sie eine ganzheitliche Sicht auf die Kundenerfahrung bietet. Sie berücksichtigt nicht nur die offensichtlichen Interaktionen, wie den Kaufakt oder die Nutzung eines Kundenservice, sondern auch die subtileren, emotionalen Aspekte der Kundenerfahrung. Dies umfasst alles von der ersten Bewusstseinsbildung über die Marke bis hin zur Nachkaufbetreuung und der Entwicklung von Kundenloyalität.

Das Ziel des Customer Journey Mappings ist es, Stärken und Schwächen in der aktuellen Kundenreise zu identifizieren, Schmerzpunkte und Hindernisse zu erkennen und Chancen zur Verbesserung der Kundenerfahrung zu finden. Dieser Prozess hilft Unternehmen, ihre Dienstleistungen und Produkte besser auf die Bedürfnisse ihrer Kunden abzustimmen, personalisierte Marketingstrategien zu entwickeln und letztendlich die Kundenzufriedenheit und -bindung zu erhöhen.

In diesem umfassenden Leitfaden zum Customer Journey Mapping werden wir die verschiedenen Schritte des Mappings erkunden, von der Erstellung von Kundenpersonas über die Sammlung und Analyse von Daten bis hin zur Entwicklung und Implementierung von Strategien zur Verbesserung der Customer Journey. Wir werden auch die Herausforderungen und Best Practices in diesem Bereich beleuchten, um Ihnen ein tiefes Verständnis dieses mächtigen Werkzeugs zu vermitteln.

3.1 SCHRITT-FÜR-SCHRITT-ANLEITUNG ZUM ERSTELLEN EINER CUSTOMER

JOURNEY MAP

Das Erstellen einer Customer Journey Map ist ein strukturierter Prozess, der es Unternehmen ermöglicht, die Erfahrungen ihrer Kunden detailliert zu verstehen und zu visualisieren. Hier ist eine ausführliche Anleitung, wie Sie Schritt für Schritt eine effektive Customer Journey Map erstellen können:

Schritt 1: Definieren Sie Ihre Zielgruppe und erstellen Sie Personas

Die Definition Ihrer Zielgruppe und die Erstellung von Personas sind grundlegende Schritte im Customer Journey Mapping. Sie bilden die Basis für ein tiefes Verständnis Ihrer Kunden und deren Bedürfnisse. Hier ist eine detaillierte Anleitung, wie Sie diesen ersten Schritt effektiv umsetzen können:

1.1 Verstehen Ihrer Zielgruppe:

- Beginnen Sie mit einer gründlichen Analyse Ihrer aktuellen und potenziellen Kunden. Wer sind sie? Was sind ihre demografischen Merkmale wie Alter, Geschlecht, Bildungsniveau und geografische Lage?
- Untersuchen Sie das Kaufverhalten Ihrer Kunden. Welche Produkte oder Dienstleistungen bevorzugen sie? Wie oft und in welchen Situationen kaufen sie?

1.2 Sammeln von Daten:

- Nutzen Sie vorhandene Datenquellen wie Verkaufsdaten, Kundenfeedback, Website-Analytics und soziale Medien, um ein umfassendes Bild Ihrer Kunden zu erhalten.
- Führen Sie Marktforschungen durch, wie Umfragen und Interviews, um direkte Einblicke in die Bedürfnisse und Präferenzen Ihrer Kunden zu gewinnen.

1.3 Erstellung von Kundenpersonas:

- Basierend auf den gesammelten Daten, erstellen Sie detaillierte Kundenpersonas. Eine Persona ist eine semi-fiktive Darstellung Ihres idealen Kunden, die auf realen Daten und Marktforschungsergebnissen basiert.
- Jede Persona sollte spezifische Informationen enthalten, wie z.B. Name, Alter, Beruf, Interessen, Herausforderungen, Ziele und Motivationen. Erstellen Sie eine narrative Beschreibung, die die Persona zum Leben erweckt.

1.4 Berücksichtigung unterschiedlicher Kunden-segmente:

- Beachten Sie, dass Ihre Zielgruppe aus verschiedenen Segmenten bestehen kann, die unterschiedliche Bedürfnisse und Verhaltensweisen haben. Erstellen Sie für jedes relevante Segment eine separate Persona.
- Überlegen Sie, wie sich die Bedürfnisse und Präferenzen zwischen diesen Segmenten unterscheiden und wie dies Ihre Ansprache und Ihr Angebot beeinflussen könnte.

1.5 Visualisierung der Personas:

- Visualisieren Sie die erstellten Personas, um sie greifbarer zu machen. Dies kann durch Fotos, Illustrationen oder Infografiken erfolgen.
- Stellen Sie sicher, dass die Personas im gesamten Unternehmen bekannt und verstanden sind. Sie sollten als Grundlage für Entscheidungen in verschiedenen Bereichen wie Marketing, Produktentwicklung und Kundenservice dienen.

1.6 Überprüfung und Anpassung der Personas:

- Personas sind keine statischen Elemente. Überprüfen Sie sie regelmäßig und passen Sie sie an, wenn sich Marktbedingungen ändern oder neue Kundendaten verfügbar werden.

- Nutzen Sie Kundenfeedback und neue Marktforschungsergebnisse, um Ihre Personas kontinuierlich zu verfeinern und zu aktualisieren.

Durch die sorgfältige Definition Ihrer Zielgruppe und die Erstellung detaillierter Personas legen Sie den Grundstein für ein erfolgreiches Customer Journey Mapping. Dieser Schritt ermöglicht es Ihnen, die Perspektive Ihrer Kunden einzunehmen und ihre Bedürfnisse und Erwartungen besser zu verstehen.

Schritt 2: Sammeln von Daten

Nachdem Sie Ihre Zielgruppe definiert und Personas erstellt haben, ist der nächste Schritt im Customer Journey Mapping die Sammlung von Daten. Diese Daten liefern die notwendigen Informationen, um die Customer Journey Ihrer Kunden zu verstehen und zu analysieren. Hier ist eine detaillierte Anleitung, wie Sie diesen Schritt effektiv umsetzen können:

2.1 Identifizierung relevanter Datenquellen:

- Bestimmen Sie, welche Datenquellen für Ihre Analyse relevant sind. Dazu gehören interne Quellen wie CRM-Systeme, Verkaufsdaten, Kundenservice-Protokolle sowie externe Quellen wie Marktforschungsberichte, soziale Medien und Online-Bewertungen.
- Berücksichtigen Sie sowohl quantitative Daten (z.B. Verkaufszahlen, Website-Traffic) als auch qualitative Daten (z.B. Kundenfeedback, Umfrageergebnisse).

2.2 Sammlung quantitativer Daten:

- Nutzen Sie Analysetools wie Google Analytics, um Daten über das Online-Verhalten Ihrer Kunden zu sammeln, einschließlich Besuchshäufigkeit, Verweildauer und Klickpfade.
- Analysieren Sie Verkaufsdaten, um Muster im Kauf-

verhalten zu erkennen, wie häufig gekaufte Produkte, Kaufhäufigkeit und saisonale Trends.

2.3 Sammlung qualitativer Daten:

- Führen Sie Umfragen und Interviews durch, um direktes Feedback von Ihren Kunden zu erhalten. Fragen Sie nach ihrer Meinung zu Ihren Produkten oder Dienstleistungen, ihren Erfahrungen mit Ihrem Unternehmen und ihren Wünschen oder Bedürfnissen.
- Überwachen Sie soziale Medien und Online-Bewertungsplattformen, um zu verstehen, wie Kunden über Ihre Marke sprechen und welche Aspekte sie positiv oder negativ bewerten.

2.4 Nutzung von Kundenservice-Daten:

- Analysieren Sie Interaktionen im Kundenservice, um häufige Anfragen, Probleme oder Beschwerden zu identifizieren. Diese Informationen können Aufschluss über Verbesserungspotenziale in Produkten, Dienstleistungen oder Prozessen geben.

2.5 Datenspeicherung und -management:

- Stellen Sie sicher, dass die gesammelten Daten ordnungsgemäß gespeichert und verwaltet werden. Nutzen Sie Datenbanken und CRM-Systeme, um die Daten zugänglich und nutzbar zu machen.
- Achten Sie auf Datenschutz und Compliance. Stellen Sie sicher, dass die Datensammlung und -verarbeitung den geltenden Datenschutzgesetzen entspricht.

2.6 Analyse der gesammelten Daten:

- Beginnen Sie mit der Analyse der gesammelten Daten, um Muster, Trends und Einsichten zu gewinnen. Nutzen Sie statistische Methoden und Analysetools, um quantitative Daten zu analysieren, und Methoden der qualitativen Analyse, um die Bedeutung hinter den qualitativen Daten zu verstehen.

2.7 Vorbereitung der Daten für das Mapping:

- Bereiten Sie die Daten so auf, dass sie für das Customer Journey Mapping verwendet werden können. Dies beinhaltet das Zusammenführen von Daten aus verschiedenen Quellen und das Herausarbeiten von Schlüsselinformationen, die für die Erstellung der Customer Journey Map relevant sind.

Die sorgfältige Sammlung und Analyse von Daten ist entscheidend für das Verständnis der Customer Journey Ihrer Kunden. Diese Daten bilden die Grundlage für die Erstellung einer effektiven und aussagekräftigen Customer Journey Map. Sie ermöglichen es Ihnen, die Erfahrungen, Bedürfnisse und Herausforderungen Ihrer Kunden zu verstehen und darauf basierend Maßnahmen zur Verbesserung der Kundenerfahrung zu entwickeln.

Schritt 3: Identifizieren Sie die Phasen der Customer Journey

Nachdem Sie relevante Daten gesammelt haben, besteht der nächste Schritt im Customer Journey Mapping darin, die verschiedenen Phasen der Customer Journey zu identifizieren. Diese Phasen beschreiben die verschiedenen Stadien, die ein Kunde von der ersten Wahrnehmung Ihrer Marke bis hin zur Nachkaufphase durchläuft. Hier ist eine detaillierte Anleitung, wie Sie diesen Schritt effektiv umsetzen können:

3.1 Verständnis der typischen Customer Journey Phasen:

- Die Customer Journey lässt sich in mehrere Schlüsselphasen unterteilen, die in der Regel Awareness (Bewusstsein), Consideration (Erwägung), Decision (Entscheidung), Purchase (Kauf) und Post-Purchase (Nach dem Kauf) umfassen.
- Awareness: In dieser Phase wird der Kunde zum ersten Mal auf Ihre Marke oder Ihr Produkt

aufmerksam.
- Consideration: Der Kunde erwägt aktiv, ob Ihr Produkt oder Ihre Dienstleistung seinen Bedürfnissen entspricht.
- Decision: Der Kunde trifft die Entscheidung, ob er Ihr Produkt kaufen oder Ihre Dienstleistung in Anspruch nehmen möchte.
- Purchase: Der eigentliche Kaufakt findet statt.
- Post-Purchase: Diese Phase umfasst die Kundenerfahrung nach dem Kauf, einschließlich Kundenservice, Produktverwendung und Loyalitätsbildung.

3.2 Anpassung der Phasen an Ihr Geschäftsmodell:
- Nicht jede Customer Journey ist gleich. Passen Sie die Phasen an Ihr spezifisches Geschäftsmodell, Ihre Produkte und Ihre Dienstleistungen an.
- Berücksichtigen Sie branchenspezifische Besonderheiten und die Besonderheiten Ihres Kundenstamms.

3.3 Analyse der gesammelten Daten:
- Nutzen Sie die gesammelten Daten, um zu verstehen, wie Kunden durch diese Phasen navigieren. Achten Sie auf Muster, wie Kunden von einer Phase zur nächsten übergehen.
- Identifizieren Sie Schlüsselmomente und Entscheidungspunkte in jeder Phase.

3.4 Einbeziehung von Kundenfeedback:
- Beziehen Sie Kundenfeedback in Ihre Analyse ein, um zu verstehen, wie Kunden jede Phase der Journey erleben und welche Faktoren ihre Entscheidungen beeinflussen.
- Nutzen Sie dieses Feedback, um die Phasen der Customer Journey aus der Perspektive des Kunden zu verstehen.

3.5 Erstellung einer vorläufigen Journey Map:
- Erstellen Sie eine vorläufige Journey Map, die die

verschiedenen Phasen und die typischen Kundenaktivitäten, Gedanken und Gefühle in jeder Phase darstellt.

- Diese Map dient als Grundlage für eine detailliertere Analyse und Visualisierung in den folgenden Schritten.

3.6 Überprüfung und Anpassung:

- Überprüfen Sie die vorläufige Journey Map mit Stakeholdern aus verschiedenen Bereichen Ihres Unternehmens, um sicherzustellen, dass sie alle relevanten Aspekte der Kundenerfahrung abdeckt.
- Seien Sie bereit, die Map basierend auf dem Feedback und neuen Erkenntnissen anzupassen.

Die Identifizierung der Phasen der Customer Journey ist ein entscheidender Schritt, um ein tiefes Verständnis für die Erfahrungen und Bedürfnisse Ihrer Kunden zu entwickeln. Diese Phasen bilden die Grundlage für das weitere Mapping und sind entscheidend für die Entwicklung gezielter Strategien zur Verbesserung der Kundenerfahrung und -bindung.

Schritt 4: Identifizieren Sie die Touchpoints

Nachdem Sie die Phasen der Customer Journey identifiziert haben, ist der nächste Schritt, die spezifischen Berührungspunkte (Touchpoints) zu bestimmen, an denen Kunden mit Ihrer Marke interagieren. Diese Touchpoints sind entscheidend, da sie direkte Auswirkungen auf die Kundenerfahrung und die Wahrnehmung Ihrer Marke haben. Hier ist eine detaillierte Anleitung, wie Sie diesen Schritt effektiv umsetzen können:

4.1 Verständnis von Touchpoints:

- Ein Touchpoint ist jeder Punkt, an dem ein Kunde mit Ihrer Marke, Ihrem Produkt oder Ihrer Dienstleistung in Kontakt kommt. Dies kann vor, während oder nach dem Kauf geschehen.

- Touchpoints umfassen eine Vielzahl von Interaktionen, wie z.B. das Betrachten einer Werbeanzeige, den Besuch Ihrer Website, den Kaufvorgang, die Interaktion mit dem Kundenservice und das Teilen von Erfahrungen in sozialen Medien.

4.2 Sammeln von Daten über Touchpoints:

- Nutzen Sie die in Schritt 2 gesammelten Daten, um zu verstehen, wie und wo Kunden mit Ihrer Marke interagieren.
- Berücksichtigen Sie sowohl direkte Interaktionen (z.B. Kundenservice-Gespräche) als auch indirekte Interaktionen (z.B. das Lesen von Online-Bewertungen).

4.3 Mapping der Touchpoints:

- Erstellen Sie eine Liste aller Touchpoints entlang der Customer Journey. Ordnen Sie diese Touchpoints den entsprechenden Phasen der Journey zu, die Sie in Schritt 3 identifiziert haben.
- Berücksichtigen Sie dabei die Reihenfolge und Häufigkeit der Interaktionen.

4.4 Bewertung der Touchpoints:

- Bewerten Sie jeden Touchpoint hinsichtlich seiner Bedeutung und seines Einflusses auf die Kundenerfahrung. Fragen Sie sich, wie zufrieden Kunden mit diesen Interaktionen sind und wie sie verbessert werden können.
- Nutzen Sie Kundenfeedback, um zu verstehen, wie Kunden jeden Touchpoint wahrnehmen und erleben.

4.5 Identifizierung von Schmerzpunkten und Chancen:

- Identifizieren Sie Schmerzpunkte, also Bereiche, in denen Kunden Frustration oder Unzufriedenheit erleben.

- Suchen Sie auch nach Chancen, um die Kundenerfahrung an diesen Touchpoints zu verbessern.

4.6 Visualisierung der Touchpoints:

- Integrieren Sie die identifizierten Touchpoints in Ihre Customer Journey Map. Stellen Sie sicher, dass die Map ein klares Bild davon vermittelt, wie Kunden mit Ihrer Marke interagieren.
- Verwenden Sie Diagramme oder Grafiken, um die Touchpoints und ihre Beziehungen zueinander zu visualisieren.

4.7 Überprüfung und Anpassung:

- Überprüfen Sie die Map mit Stakeholdern aus verschiedenen Bereichen Ihres Unternehmens, um sicherzustellen, dass alle relevanten Touchpoints erfasst sind.
- Seien Sie bereit, die Map basierend auf dem Feedback und neuen Erkenntnissen anzupassen.

Die Identifizierung der Touchpoints ist ein kritischer Schritt im Customer Journey Mapping. Sie ermöglicht es Ihnen, die spezifischen Punkte zu verstehen, an denen Kunden mit Ihrer Marke interagieren, und bietet die Grundlage für die Verbesserung der Kundenerfahrung und -bindung.

Schritt 5: Visualisieren Sie die Customer Journey

Nachdem Sie die Phasen der Customer Journey identifiziert und die Touchpoints bestimmt haben, ist der nächste Schritt, diese Informationen in einer Customer Journey Map zu visualisieren. Eine gut gestaltete Map bietet eine klare und umfassende Darstellung der Kundenerfahrung. Hier ist eine detaillierte Anleitung, wie Sie diesen Schritt effektiv umsetzen können:

5.1 Auswahl des Formats für die Journey Map:

- Entscheiden Sie sich für ein Format, das am besten zu Ihrem Zweck passt. Eine Customer Journey Map kann als einfache Tabelle, als Flussdiagramm, als Infografik oder als interaktives Tool gestaltet sein.

- Berücksichtigen Sie, wer die Map nutzen wird und wie sie präsentiert wird. Eine Map für interne Stakeholder kann anders aussehen als eine für externe Präsentationen.

5.2 Integration von Phasen und Touchpoints:

- Stellen Sie die verschiedenen Phasen der Customer Journey dar, die Sie in Schritt 3 identifiziert haben. Ordnen Sie jedem Abschnitt der Map eine Phase zu.
- Fügen Sie die in Schritt 4 identifizierten Touchpoints in die entsprechenden Phasen ein. Zeigen Sie auf, wie Kunden von einem Touchpoint zum nächsten übergehen.

5.3 Hinzufügen von Kundenemotionen und -verhalten:

- Ergänzen Sie die Map um Informationen über die Emotionen, Gedanken und Verhaltensweisen der Kunden an jedem Touchpoint. Nutzen Sie hierfür die Erkenntnisse aus den gesammelten Daten und dem Kundenfeedback.
- Diese Informationen helfen dabei, ein tieferes Verständnis für die Kundenerfahrung zu entwickeln und empathische Verbindungen zu schaffen.

5.4 Visualisierung der Kundenerfahrung:

- Verwenden Sie Farben, Symbole und Grafiken, um die Map visuell ansprechend und leicht verständlich zu gestalten.
- Visualisieren Sie positive und negative Aspekte der Kundenerfahrung, um schnell erkennbare Muster und Trends hervorzuheben.

5.5 Einbeziehung von quantitativen Daten:

- Integrieren Sie quantitative Daten, wie Konversionsraten oder Kundenzufriedenheitsscores, um die Map mit messbaren Fakten zu untermauern.
- Diese Daten können helfen, Prioritäten für Verbes-

serungsmaßnahmen zu setzen.

5.6 Erstellung einer interaktiven oder dynamischen Map:

- Wenn möglich, erstellen Sie eine interaktive oder dynamische Map, die es ermöglicht, verschiedene Szenarien oder Kundensegmente zu betrachten.
- Interaktive Maps sind besonders nützlich, um komplexe Customer Journeys zu erforschen und verschiedene Kundenperspektiven zu berücksichtigen.

5.7 Überprüfung und Feedback:

- Präsentieren Sie die Map Ihrem Team und anderen Stakeholdern, um Feedback zu erhalten.
- Seien Sie offen für Anpassungen und Verbesserungen, um die Map so aussagekräftig und nützlich wie möglich zu gestalten.

Die Visualisierung der Customer Journey ist ein entscheidender Schritt, um ein gemeinsames Verständnis der Kundenerfahrung im gesamten Unternehmen zu schaffen. Eine effektive Map dient als Grundlage für strategische Entscheidungen und Maßnahmen zur Verbesserung der Kundenzufriedenheit und -bindung.

Schritt 6: Analysieren Sie die Customer Journey

Nachdem Sie die Customer Journey visualisiert haben, ist der nächste Schritt, diese detailliert zu analysieren. Diese Analyse hilft Ihnen, tiefe Einblicke in die Kundenerfahrung zu gewinnen und Bereiche für Verbesserungen zu identifizieren. Hier ist eine detaillierte Anleitung, wie Sie diesen Schritt effektiv umsetzen können:

6.1 Überprüfen Sie die einzelnen Phasen der Journey:

- Beginnen Sie mit einer gründlichen Überprüfung jeder Phase der Customer Journey, die Sie in Ihrer Map dargestellt haben. Achten Sie darauf, wie Kunden durch diese Phasen navigieren und welche

Erfahrungen sie dabei machen.
- Identifizieren Sie Muster oder Trends in den verschiedenen Phasen. Gibt es Phasen, in denen Kunden besonders zufrieden oder unzufrieden sind?

6.2 Analysieren Sie die Touchpoints:
- Untersuchen Sie jeden Touchpoint hinsichtlich seiner Effektivität und seines Einflusses auf die Kundenerfahrung. Welche Touchpoints funktionieren gut und welche nicht?
- Identifizieren Sie Schmerzpunkte – Bereiche, in denen Kunden Frustration oder Hindernisse erleben. Überlegen Sie, wie diese Schmerzpunkte adressiert und verbessert werden können.

6.3 Bewerten Sie die Kundenemotionen und -feedback:
- Analysieren Sie die Emotionen und das Feedback der Kunden an den verschiedenen Touchpoints. Wie fühlen sich die Kunden während ihrer Interaktionen mit Ihrer Marke?
- Nutzen Sie qualitative Daten wie Kundenfeedback und Umfrageergebnisse, um ein tieferes Verständnis für die Gefühle und Meinungen der Kunden zu entwickeln.

6.4 Identifizieren Sie Verbesserungsbereiche:
- Basierend auf Ihrer Analyse, identifizieren Sie Bereiche, in denen die Kundenerfahrung verbessert werden kann. Dies kann von kleinen Anpassungen an einem Touchpoint bis hin zu größeren strategischen Änderungen reichen.
- Überlegen Sie, welche Maßnahmen ergriffen werden können, um die Kundenzufriedenheit und -bindung zu erhöhen.

6.5 Nutzen Sie quantitative Daten zur Unterstützung Ihrer Analyse:
- Integrieren Sie quantitative Daten wie Konversionsraten, Abbruchraten oder

- Kundenzufriedenheitsscores, um Ihre Analyse zu untermauern.
- Diese Daten können helfen, die Dringlichkeit von Verbesserungen zu verstehen und Prioritäten zu setzen.

6.6 Erstellen Sie einen Aktionsplan:

- Entwickeln Sie auf Basis Ihrer Analyse einen konkreten Aktionsplan. Dieser Plan enthält spezifische Schritte, um die identifizierten Probleme zu adressieren und die Kundenerfahrung zu verbessern.
- Stellen Sie sicher, dass der Aktionsplan realistisch ist und Ressourcen, Verantwortlichkeiten und Zeitrahmen berücksichtigt.

6.7 Einbeziehung von Stakeholdern:

- Beziehen Sie Stakeholder aus verschiedenen Bereichen Ihres Unternehmens in die Analyse und die Entwicklung des Aktionsplans ein. Dies stellt sicher, dass verschiedene Perspektiven berücksichtigt werden und die Umsetzung effektiv ist.

Die Analyse der Customer Journey ist ein entscheidender Schritt, um ein umfassendes Verständnis der Kundenerfahrung zu erlangen. Sie ermöglicht es Ihnen, gezielte Maßnahmen zu ergreifen, um die Kundenzufriedenheit zu steigern und letztendlich den Erfolg Ihres Unternehmens zu fördern.

Schritt 7: Identifizieren Sie Verbesserungsmöglichkeiten

Nachdem Sie die Customer Journey analysiert haben, ist der nächste Schritt, konkrete Verbesserungsmöglichkeiten zu identifizieren. Dieser Schritt ist entscheidend, um die Kundenerfahrung zu optimieren und die Effektivität Ihrer Customer Journey zu steigern. Hier ist eine detaillierte Anleitung, wie Sie diesen Schritt effektiv umsetzen können:

7.1 Auswertung der Analyseergebnisse:

- Beginnen Sie mit einer gründlichen Auswertung der Ergebnisse Ihrer Customer Journey-Analyse. Konzentrieren Sie sich auf identifizierte Schmerzpunkte, Schwachstellen und Bereiche, in denen die Kundenzufriedenheit verbessert werden kann.
- Berücksichtigen Sie sowohl die kleinen als auch die großen Veränderungsmöglichkeiten. Manchmal können bereits kleine Anpassungen an einem Touchpoint einen großen Unterschied machen.

7.2 Priorisierung der Verbesserungsmaßnahmen:

- Nicht alle identifizierten Verbesserungsmöglichkeiten können gleichzeitig umgesetzt werden. Priorisieren Sie Maßnahmen basierend auf Dringlichkeit, dem potenziellen Einfluss auf die Kundenzufriedenheit und den verfügbaren Ressourcen.
- Erstellen Sie eine Rangliste der Maßnahmen, um eine klare Vorstellung davon zu bekommen, welche Schritte zuerst unternommen werden sollten.

7.3 Entwicklung konkreter Lösungsvorschläge:

- Für jede identifizierte Verbesserungsmöglichkeit sollten konkrete Lösungsvorschläge entwickelt werden. Dies kann die Optimierung von Prozessen, die Verbesserung der Kommunikation, die Anpassung von Produkten oder Dienstleistungen oder technologische Upgrades umfassen.
- Beziehen Sie Teams aus verschiedenen Bereichen Ihres Unternehmens ein, um vielfältige Perspektiven und Expertisen zu nutzen.

7.4 Erstellung eines Implementierungsplans:

- Entwickeln Sie einen detaillierten Implementierungsplan für die umzusetzenden Verbesserungen. Dieser Plan sollte Zeitrahmen, Verantwortlichkeiten, benötigte Ressourcen und spezifische Ziele enthalten.

- Stellen Sie sicher, dass der Plan realistisch ist und regelmäßig überprüft wird, um Anpassungen vornehmen zu können.

7.5 Einbeziehung von Kundenfeedback:

- Berücksichtigen Sie bei der Entwicklung von Verbesserungsmaßnahmen das Feedback und die Vorschläge Ihrer Kunden. Kundenfeedback kann wertvolle Einblicke in die Wirksamkeit potenzieller Verbesserungen bieten.
- Überlegen Sie, wie Sie Kunden in den Prozess der Verbesserung einbeziehen können, beispielsweise durch Beta-Tests oder Kundenbefragungen.

7.6 Testen und Anpassen der Verbesserungen:

- Bevor Sie Verbesserungen im großen Stil umsetzen, testen Sie diese in kleinerem Rahmen. Dies hilft Ihnen, die Wirksamkeit der Maßnahmen zu bewerten und notwendige Anpassungen vorzunehmen.
- Seien Sie bereit, auf Basis der Testergebnisse und des Kundenfeedbacks Anpassungen vorzunehmen.

7.7 Monitoring und kontinuierliche Optimierung:

- Nach der Implementierung der Verbesserungen ist es wichtig, deren Auswirkungen kontinuierlich zu überwachen. Nutzen Sie KPIs und Kundenfeedback, um den Erfolg der Maßnahmen zu bewerten.
- Sehen Sie die Optimierung der Customer Journey als einen kontinuierlichen Prozess und seien Sie bereit, weitere Anpassungen vorzunehmen, um die Kundenerfahrung stetig zu verbessern.

Das Identifizieren und Umsetzen von Verbesserungsmöglichkeiten ist ein entscheidender Schritt, um die Effektivität Ihrer Customer Journey zu steigern. Durch gezielte Maßnahmen können Sie die Kundenzufriedenheit erhöhen, die Kundenbindung stärken und letztendlich den Erfolg Ihres Unternehmens fördern.

Schritt 8: Entwickeln und implementieren Sie Strategien

Nachdem Sie Verbesserungsmöglichkeiten identifiziert haben, ist der nächste Schritt, konkrete Strategien zu entwickeln und zu implementieren, um diese Verbesserungen umzusetzen. Dieser Schritt ist entscheidend, um die Kundenerfahrung aktiv zu verbessern und die Effektivität Ihrer Customer Journey zu steigern. Hier ist eine detaillierte Anleitung, wie Sie diesen Schritt effektiv umsetzen können:

8.1 Entwicklung von Aktionsplänen:

- Basierend auf den identifizierten Verbesserungsmöglichkeiten, entwickeln Sie spezifische Aktionspläne. Diese Pläne sollten klare Ziele, Schritte zur Umsetzung, zugewiesene Verantwortlichkeiten und Zeitrahmen enthalten.
- Stellen Sie sicher, dass die Aktionspläne realistisch sind und die Ressourcen Ihres Unternehmens berücksichtigen.

8.2 Einbindung interdisziplinärer Teams:

- Für die Umsetzung der Strategien ist es oft erforderlich, Teams aus verschiedenen Abteilungen einzubeziehen. Stellen Sie sicher, dass alle relevanten Bereiche wie Marketing, Vertrieb, Produktentwicklung und Kundenservice vertreten sind.
- Fördern Sie die Zusammenarbeit und den Informationsaustausch zwischen den Teams, um eine effektive Umsetzung zu gewährleisten.

8.3 Kommunikation der Pläne und Ziele:

- Kommunizieren Sie die Aktionspläne und Ziele klar und deutlich an alle beteiligten Mitarbeiter. Jeder sollte verstehen, was erreicht werden soll und wie seine Rolle zur Erreichung dieser Ziele beiträgt.

- Nutzen Sie regelmäßige Meetings und Updates, um den Fortschritt zu überwachen und alle Beteiligten auf dem Laufenden zu halten.

8.4 Implementierung der Maßnahmen:

- Beginnen Sie mit der Implementierung der Maßnahmen gemäß entwickelter Aktionspläne. Überwachen Sie den Fortschritt und stellen sicher, dass die Maßnahmen wie geplant umgesetzt werden.
- Seien Sie bereit, flexibel zu reagieren und Anpassungen vorzunehmen, falls Herausforderungen oder unerwartete Probleme auftreten.

8.5 Messung und Bewertung des Erfolgs:

- Legen Sie KPIs (Key Performance Indicators) fest, um den Erfolg der umgesetzten Maßnahmen zu messen. Diese können sich auf Kundenzufriedenheit, Kundenbindung, Konversionsraten oder andere relevante Metriken beziehen.
- Führen Sie regelmäßige Bewertungen durch, um zu überprüfen, ob die Ziele erreicht werden und welche Auswirkungen die Maßnahmen auf die Customer Journey haben.

8.6 Anpassung und kontinuierliche Verbesserung:

- Basierend auf den Ergebnissen der Bewertungen, passen Sie die Strategien und Maßnahmen bei Bedarf an. Der Prozess der Optimierung der Customer Journey ist kontinuierlich und erfordert regelmäßige Anpassungen.
- Fördern Sie eine Kultur der kontinuierlichen Verbesserung, in der Feedback und Lernen aus Erfahrungen geschätzt werden.

8.7 Einbeziehung von Kundenfeedback:

- Berücksichtigen Sie Kundenfeedback, um die Wirksamkeit der umgesetzten Maßnahmen zu bewerten. Nutzen Sie Umfragen, Kundeninterviews

und Feedback aus sozialen Medien, um direkte Rückmeldungen von Kunden zu erhalten.
- Seien Sie offen für Anregungen / Ideen von Kunden, um die Kundenerfahrung weiter zu verbessern.

Die Entwicklung und Implementierung von Strategien zur Verbesserung der Customer Journey ist ein entscheidender Schritt, um die Kundenzufriedenheit und -bindung zu erhöhen. Durch gezielte Maßnahmen und kontinuierliche Anpassungen können Sie sicherstellen, dass Ihre Customer Journey den Bedürfnissen und Erwartungen Ihrer Kunden entspricht und den Erfolg Ihres Unternehmens fördert.

Schritt 9: Überprüfen und aktualisieren Sie regelmäßig

Nachdem Sie Strategien entwickelt und implementiert haben, ist es entscheidend, die Customer Journey Map regelmäßig zu überprüfen und zu aktualisieren. Dieser kontinuierliche Prozess stellt sicher, dass Ihre Map aktuell bleibt und sich an verändernde Kundenbedürfnisse und Marktbedingungen anpasst. Hier ist eine detaillierte Anleitung, wie Sie diesen Schritt effektiv umsetzen können:

9.1 Einrichtung eines Überprüfungsprozesses:
- Legen Sie einen regelmäßigen Zeitplan für die Überprüfung Ihrer Customer Journey Map fest. Dies könnte viertel-, halbjährlich oder jährlich sein, abhängig von Dynamik des Marktes und Schnelligkeit, mit der sich Kundenbedürfnisse ändern.
- Bestimmen Sie ein Team oder Person, die für die Koordination der Überprüfung verantwortlich ist.

9.2 Sammeln neuer Daten:
- Sammeln Sie kontinuierlich neue Daten über Kundeninteraktionen, Feedback und Verhaltensweisen. Dies umfasst sowohl quantitative als auch

qualitative Daten.

- Berücksichtigen Sie Veränderungen im Markt, neue Trends und Wettbewerbsaktivitäten, die Einfluss auf die Kundenreise haben könnten.

9.3 Bewertung der aktuellen Customer Journey Map:

- Bewerten Sie, wie gut Ihre aktuelle Map die tatsächliche Kundenerfahrung widerspiegelt und ob die dargestellten Phasen, Touchpoints und Kundenemotionen noch zutreffend sind.
- Identifizieren Sie Bereiche, die aufgrund neuer Erkenntnisse oder Veränderungen im Kundenverhalten angepasst werden müssen.

9.4 Anpassung der Map:

- Nehmen Sie notwendige Anpassungen an Ihrer Map vor. Dies könnte die Hinzufügung neuer Touchpoints, die Anpassung von Kundenpfaden oder die Aktualisierung von Kundenemotionen und -feedback umfassen.
- Stellen Sie sicher, dass die Map die Realität der Kundenerfahrung so genau wie möglich abbildet.

9.5 Einbeziehung von Stakeholdern:

- Beziehen Sie regelmäßig Feedback von verschiedenen Stakeholdern ein, einschließlich Marketing, Vertrieb, Produktentwicklung und Kundenservice.
- Nutzen Sie dieses Feedback, um die Map zu verfeinern und sicherzustellen, dass sie alle relevanten Aspekte der Kundenerfahrung abdeckt.

9.6 Dokumentation und Kommunikation der Änderungen:

- Dokumentieren Sie alle Änderungen, die an der Map vorgenommen wurden und kommunizieren Sie diese im gesamten Unternehmen.
- Stellen Sie sicher, dass alle relevanten Teams und Abteilungen verstehen, wie sich die Änderungen auf ihre Arbeit und die Kundenerfahrung

auswirken.

9.7 Kontinuierliches Lernen und Anpassung:

- Betrachten Sie das Customer Journey Mapping als einen kontinuierlichen Lernprozess. Seien Sie offen für neue Erkenntnisse und bereit, Ihre Strategien und Ansätze entsprechend anzupassen.
- Fördern Sie eine Kultur der Agilität und Flexibilität, um schnell auf Veränderungen reagieren zu können.

Die regelmäßige Überprüfung und Aktualisierung Ihrer Customer Journey Map ist entscheidend, um sicherzustellen, dass Ihre Strategien und Maßnahmen effektiv bleiben und die sich ändernden Bedürfnisse Ihrer Kunden erfüllen. Dieser Prozess ermöglicht es Ihrem Unternehmen, agil zu bleiben, sich kontinuierlich zu verbessern und eine starke, positive Kundenerfahrung zu gewährleisten.

3.2 VORLAGEN UND BEISPIELE FÜR CUSTOMER JOURNEY MAPS

Die Erstellung einer Customer Journey Map ist eine Kunst und eine Wissenschaft zugleich. Sie erfordert nicht nur ein tiefes Verständnis der Kunden und ihrer Interaktionen mit Ihrer Marke, sondern auch die Fähigkeit, diese Erkenntnisse in einer klaren und ansprechenden Weise zu visualisieren. In diesem Kapitel werden wir uns auf Vorlagen und Beispiele für Customer Journey Maps konzentrieren, die als Inspiration und Leitfaden für die Erstellung Ihrer eigenen Maps dienen können.

Customer Journey Maps können in verschiedenen Formaten und Stilen erstellt werden, je nach den spezifischen Bedürfnissen und Zielen Ihres Unternehmens. Eine gut gestaltete Map ist nicht nur ein nützliches Werkzeug für interne Zwecke, sondern kann auch in der Kommunikation mit Stakeholdern und Kunden wertvoll sein. Sie hilft dabei, ein gemeinsames Verständnis der Kundenerfahrung zu schaffen und zeigt auf, wo Verbesserungen vorgenommen werden können.

In diesem Kapitel werden wir eine Reihe von Vorlagen und Beispielen vorstellen, die verschiedene Ansätze und Techniken für das Customer Journey Mapping aufzeigen. Von einfachen, linearen Darstellungen bis hin zu komplexen, mehrdimensionalen Maps – Sie werden eine Vielzahl von Möglichkeiten entdecken, wie Sie die Reise Ihrer Kunden darstellen können.

BEISPIEL-TOUCHPOINTS IN EINER CUSTOMER JOURNEY

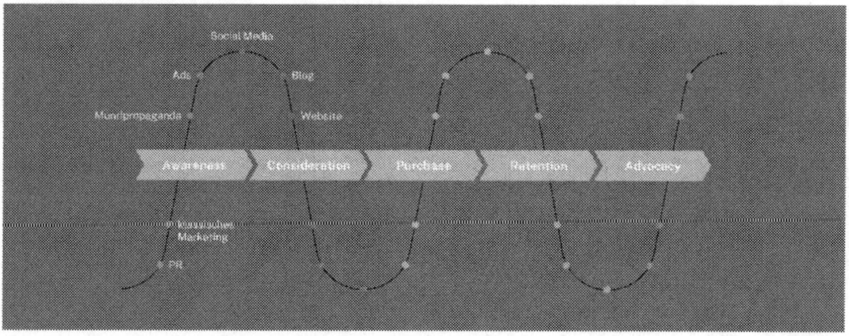

BLANKO VORLAGE CUSTOMER JOURNEY

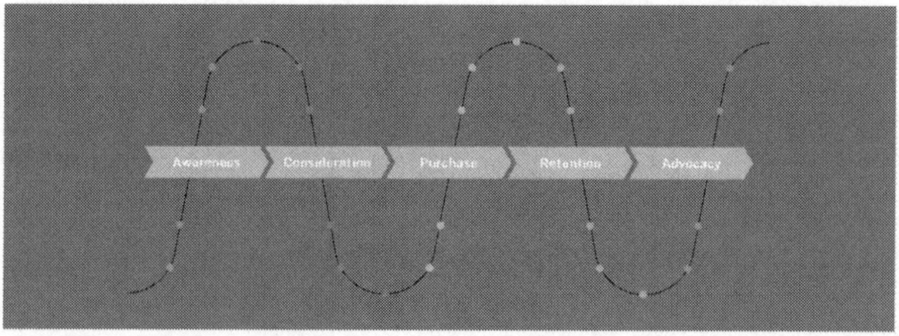

3.3 IDENTIFIZIERUNG VON PAIN POINTS UND MOMENTS OF DELIGHT

In der facettenreichen Landschaft des Customer Journey Mappings ist das Erkennen und Verstehen von Pain Points und Moments of Delight von entscheidender Bedeutung. Diese beiden Elemente bilden die Pole der Kundenerfahrung: Pain Points sind die Hürden und Herausforderungen, die Kunden auf ihrem Weg mit einem Unternehmen begegnen, während Moments of Delight die glanzvollen Augenblicke darstellen, in denen die Erwartungen der Kunden nicht nur erfüllt, sondern übertroffen werden. In diesem Kapitel widmen wir uns eingehend der Aufgabe, diese Schlüsselmomente in der Customer Journey Ihrer Kunden zu identifizieren und zu nutzen.

Pain Points sind die Stolpersteine in der Kundenerfahrung, die von kleinen Unannehmlichkeiten bis hin zu großen Problemen reichen können, welche die Kundenzufriedenheit und -treue beeinträchtigen. Typische Beispiele für Pain Points sind Schwierigkeiten beim Navigieren auf einer Website, lange Wartezeiten im Kundenservice, mangelnde Produktinformationen oder Probleme mit der Produktqualität. Um diese effektiv zu identifizieren, ist es wichtig, Kundenfeedback systematisch zu sammeln und zu analysieren. Dies kann durch Umfragen, Bewertungsplattformen, soziale Medien und direkte Kundeninteraktionen geschehen. Eine gründliche Analyse von Kundenbeschwerden und Support-Tickets kann ebenfalls aufschlussreich sein, da sie wiederkehrende Themen oder spezifische Problembereiche offenbart, die von Kunden häufig genannt werden. Datenanalyse-Tools können helfen, Muster im Kundenverhalten und Feed-back zu erkennen, die auf potenzielle Pain Points hinweisen.

Auf der anderen Seite des Spektrums stehen die Moments of Delight, die besonderen Erlebnisse, bei denen Kunden positiv überrascht werden und eine emotionale Verbindung zur Marke aufbauen. Diese Momente können aus einer außergewöhnlichen Serviceerfahrung, einem unerwarteten Mehrwert oder einer persönlichen Geste bestehen. Solche Momente zu schaffen, erfordert ein tiefes Verständnis der Wünsche und Bedürfnisse Ihrer Kunden sowie die Fähigkeit, über das Erwartete hinauszugehen. Um Moments of Delight zu kreieren, sollten Sie innovative Wege finden, um die Kundenerwartungen zu übertreffen. Dies kann durch personalisierte Angebote, außergewöhnlichen Kundenservice oder durch das Überraschen der Kunden mit neuen und aufregenden Erfahrungen geschehen. Hören Sie auf das Feedback Ihrer Kunden und nutzen Sie es, um nicht nur Probleme zu lösen, sondern auch um positive Erlebnisse zu schaffen, die Kunden in Erinnerung behalten und schätzen.

Sobald Sie Pain Points und Moments of Delight identifiziert haben, ist es wichtig, diese Erkenntnisse in Ihre Customer Journey Map zu integrieren. Dies hilft Ihnen, gezielte Strategien zur Verbesserung der Kundenerfahrung zu entwickeln. Arbeiten Sie kontinuierlich daran, Pain Points zu minimieren und gleichzeitig gezielt Moments of Delight zu schaffen, um eine positive und unvergessliche Kundenerfahrung zu gewährleisten. In diesem Kapitel werden wir diese Konzepte weiter vertiefen und praktische Strategien aufzeigen, wie Sie Pain Points effektiv adressieren und gleichzeitig gezielt Moments of Delight schaffen können, um die Loyalität und Zufriedenheit Ihrer Kunden zu steigern.

3.4 CROSS-CHANNEL JOURNEY MAPPING

Kunden interagieren über verschiedene Kanäle und Plattformen mit Marken - deshalb ist das Cross-Channel Journey Mapping unerlässlich geworden. Dieser Ansatz erweitert das traditionelle Customer Journey Mapping, indem es die Interaktionen der Kunden über mehrere Kanäle hinweg betrachtet und analysiert. In diesem Kapitel werden wir uns mit der Komplexität und den Strategien des Cross-Channel Journey Mappings befassen, um ein ganzheitliches Bild der Kundenerfahrung zu zeichnen.

Cross-Channel Journey Mapping befasst sich mit der Herausforderung, die vielfältigen Wege zu verstehen, auf denen Kunden mit einer Marke interagieren. Diese Interaktionen können Online-Kanäle wie Websites, soziale Medien und E-Mail, aber auch Offline-Kanäle wie physische Geschäfte, Callcenter und Veranstaltungen umfassen. Der Schlüssel zum erfolgreichen Cross-Channel Mapping liegt darin, die Verbindungen und Übergänge zwischen diesen Kanälen zu verstehen und wie sie gemeinsam die gesamte Kundenerfahrung beeinflussen.

Ein wesentlicher Aspekt des Cross-Channel Journey Mappings ist die Erkenntnis, dass Kunden nicht linear agieren. Sie springen zwischen Kanälen hin und her, manchmal innerhalb einer einzigen Transaktion. Ein Kunde könnte beispielsweise ein Produkt online recherchieren, es in einem physischen Geschäft ausprobieren und schließlich online kaufen. Jeder dieser Schritte trägt zu seiner gesamten Wahrnehmung und Erfahrung bei.

Für ein effektives Cross-Channel Journey Mapping, brauchen Unternehmen zunächst umfassende Daten

über alle Kundeninteraktionen. Dies beinhaltet die Analyse von Web-Traffic, die Überwachung von Social-Media-Interaktionen, die Auswertung von Verkaufsdaten und das Sammeln von Feedback in physischen Geschäften. Die Herausforderung besteht darin, diese Daten aus verschiedenen Quellen zu integrieren und ein kohärentes Bild der Customer Journey zu erstellen.
Ein weiterer wichtiger Schritt ist die Identifizierung von Pain Points und Moments of Delight über alle Kanäle hinweg. Dies erfordert ein tiefes Verständnis dafür, wie die Erfahrungen in einem Kanal die Erwartungen und Wahrnehmungen in einem anderen beeinflussen können. Beispielsweise könnte eine positive Online-Erfahrung die Erwartungen an die physische Interaktion erhöhen.
Die Visualisierung einer Cross-Channel Journey Map kann komplex sein, da sie die Dynamik und Interaktivität verschiedener Kanäle darstellen muss. Hierbei können fortgeschrittene Mapping-Techniken und -Tools helfen, die die vielschichtigen Pfade und Interaktionen der Kunden darstellen.
Abschließend ist das Cross-Channel Journey Mapping ein iterativer Prozess. Die Maps sollten regelmäßig überprüft und aktualisiert werden, um Veränderungen im Kundenverhalten und in den Technologien Rechnung zu tragen. Durch die kontinuierliche Anpassung / Optimierung der Maps können Unternehmen sicherstellen, dass sie eine konsistente, positive Kundenerfahrung über alle Kanäle hinweg bieten.
In diesem Kapitel werden wir auf die Methoden und Best Practices des Cross-Channel Journey Mappings eingehen, um Ihnen zu helfen, die Herausforderungen und Chancen zu verstehen, die sich aus der Interaktion der Kunden über multiple Kanäle ergeben.

KAPITEL 4: OPTIMIERUNG DER CUSTOMER JOURNEY

Die Customer Journey – der Weg, den Kunden von der ersten Wahrnehmung einer Marke bis zur endgültigen Kaufentscheidung und darüber hinaus beschreiten – ist ein dynamisches und komplexes Phänomen. Kunden werden immer anspruchsvoller und die Märkte immer wettbewerbsintensiver, deshalb ist die kontinuierliche Optimierung der Customer Journey nicht nur wünschenswert, sondern unabdingbar für den Erfolg eines Unternehmens. Deshalb widmen wir uns nun der Optimierung der Customer Journey, einem Prozess, der die Erfahrungen und Interaktionen der Kunden mit Ihrer Marke verbessern soll.

Die Optimierung der Customer Journey ist ein mehrschichtiger Prozess, der ein tiefes Verständnis für die Bedürfnisse, Wünsche und Verhaltensweisen der Kunden erfordert. Es geht darum, die Reise aus der Perspektive der Kunden zu betrachten und jeden Berührungspunkt zu analysieren und zu verbessern. Dieser Prozess umfasst die Identifizierung von Pain Points, die Verbesserung der Kundenerfahrung an jedem Touchpoint und die Schaffung von Moments of Delight, die die Kundenbindung und -loyalität stärken.

In diesem Kapitel werden wir die verschiedenen Aspekte der Customer Journey Optimierung untersuchen, von der Datensammlung und -analyse bis hin zur Implementierung von Veränderungen und der Messung ihrer Auswirkungen. Wir werden uns mit den Herausforderungen befassen, die Unternehmen bei der Optimierung ihrer Customer Journeys begegnen, und praktische Strategien und Lösungen aufzeigen, um diese Herausforderungen zu bewältigen. Ein besonderer Fokus liegt auf der Bedeutung einer kundenorientierten Denkweise und der Notwendigkeit die Customer Journey kontinuierlich zu überwachen und anzupassen, um den sich ändernden Kundenbedürfnissen und Marktbedingungen gerecht zu werden. Wir werden auch die Rolle der Technologie bei der Optimierung der Customer Journey betrachten und wie digitale Tools und Plattformen genutzt werden können, um ein tieferes Verständnis der Kunden zu erlangen und personalisierte, nahtlose Kundenerfahrungen zu schaffen.

Abschließend wird dieses Kapitel darauf abzielen, Ihnen ein umfassendes Verständnis der Schlüsselkomponenten und Best Practices der Customer Journey Optimierung zu vermitteln, damit Sie die Kundenerfahrung in Ihrem Unternehmen effektiv verbessern können.

4.1 STRATEGIEN ZUR VERBESSERUNG DER CUSTOMER EXPERIENCE AN JEDEM TOUCHPOINT

Kunden haben mehr Auswahl und höhere Erwartungen denn je, weshalb die Optimierung der Customer Experience an jedem Touchpoint entscheidend für den Erfolg eines Unternehmens ist. Dieses Kapitel widmet sich den Strategien zur Verbesserung der Kundenerfahrung, die sich über die gesamte Customer Journey erstrecken, von digitalen Interaktionen bis hin zu physischen Berührungspunkten.

Der erste Schritt in diesem Prozess ist die gründliche Analyse und das Verständnis aller Touchpoints in der Customer Journey. Dies umfasst sowohl digitale Interaktionen wie Website-Besuche und soziale Medien als auch physische Interaktionen wie In-Store-Erlebnisse oder Kundenservice-Anrufe. Durch die

Analyse von Daten und Kundenfeedback können Unternehmen ein tiefes Verständnis dafür entwickeln, wie Kunden diese Touchpoints erleben, und sowohl quantitative Daten wie Klickraten und Konversionsraten als auch qualitative Daten wie Kundenfeedback und Umfrageergebnisse berücksichtigen.

Ein Schlüsselelement zur Verbesserung der Customer Experience ist die Personalisierung. Durch die Nutzung von Kundendaten können Unternehmen personalisierte Erlebnisse schaffen, die auf den individuellen Bedürfnissen und Vorlieben der Kunden basieren. Dies kann von personalisierten Produktempfehlungen bis hin zu individuell zugeschnittenen Marketingbotschaften reichen.

Die Optimierung der digitalen Touchpoints ist ebenfalls von entscheidender Bedeutung. Eine intuitive, benutzerfreundliche und ansprechende Benutzeroberfläche auf Websites und mobilen Apps ist unerlässlich. Dies beinhaltet ein klares Design, einfache Navigation und schnelle Ladezeiten sowie die Optimierung für verschiedene Geräte, insbesondere für mobile Endgeräte.

Auch das physische Kundenerlebnis darf nicht vernachlässigt werden. Bei physischen Touchpoints, wie in einem Ladengeschäft oder bei einem Kundenservice-Center, ist es wichtig, ein positives und einladendes Umfeld zu schaffen. Dies kann durch ansprechendes Store-Design, freundliches Personal und effiziente Serviceabläufe erreicht werden.

Ein weiterer kritischer Touchpoint ist der Kundenservice. Ein effektiver und empathischer Kundenservice kann maßgeblich zur Kundenzufriedenheit beitragen. Unternehmen sollten ihr Kundenservice-Team schulen, um empathisch und effizient auf Kundenanfragen zu reagieren und Systeme implementieren, die schnelle und effektive Lösungen für Kundenprobleme ermöglichen.

Die Konsistenz der Kundenerfahrung über alle Kanäle hinweg ist ebenfalls von großer Bedeutung. Kunden sollten ein nahtloses Erlebnis haben, egal ob sie online einkaufen, in einem physischen Geschäft sind oder mit einem Kundenservice-Mitarbeiter sprechen. Dies erfordert eine enge Abstimmung zwischen verschiedenen Abteilungen und Kanälen.

Abschließend ist die Optimierung der Customer Experience ein kontinuierlicher Prozess. Unternehmen sollten regelmäßig die Leistung ihrer Touchpoints überwachen und bereit sein, Anpassungen vorzunehmen, um auf Veränderungen im Kundenverhalten oder neue Markttrends zu reagieren. Durch kontinuierliches Monitoring und Anpassung, gestützt auf Kundenfeedback und Datenanalysen, können Unternehmen ihre Strategien zur Verbesserung der Customer Experience kontinuierlich verfeinern.

4.2 PERSONALISIERUNG DER CUSTOMER JOURNEY

Die Personalisierung der Customer Journey geht weit über die Anpassung von Marketingbotschaften hinaus. Sie beinhaltet das tiefe Verständnis und die Antizipation der individuellen Bedürfnisse und Präferenzen jedes Kunden in allen Phasen seiner Reise. Von der ersten Interaktion mit der Marke bis hin zum After-Sales-Service bietet jede Phase der Customer Journey Gelegenheiten für personalisierte Erlebnisse.

Ein wesentlicher Aspekt der Personalisierung ist die effektive Nutzung von Kundendaten. Durch das Sammeln und Analysieren von Informationen wie Kaufhistorie, Online-Verhalten und Kundenfeedback können Unternehmen wertvolle Einblicke in die

Vorlieben und Bedürfnisse ihrer Kunden gewinnen. Diese Daten ermöglichen es, personalisierte Empfehlungen, Inhalte und Angebote zu erstellen, die genau auf die Interessen jedes einzelnen Kunden zugeschnitten sind. In verschiedenen Phasen der Customer Journey kann die Personalisierung unterschiedlich aussehen. In der Awareness-Phase kann sie durch zielgerichtete Werbung und maßgeschneiderte Inhalte erfolgen, die auf den Interessen und dem bisherigen Verhalten des Kunden basieren. Während der Consideration- und Decision-Phase können personalisierte Produktvorschläge oder individuell angepasste Informationen die Entscheidungsfindung des Kunden unterstützen. Nach dem Kauf sorgt eine personalisierte After-Sales-Betreuung, wie individuelle Nutzungstipps oder Support-Angebote, für eine erhöhte Kundenzufriedenheit und -bindung.

Moderne Technologien wie KI und maschinelles Lernen sind entscheidend für die Personalisierung der Customer Journey. Sie ermöglichen es, große Mengen an Kundendaten zu analysieren und daraus personalisierte Erlebnisse in Echtzeit zu schaffen. CRM-Systeme, personalisierte E-Mail-Marketing-Tools und Empfehlungsalgorithmen sind Beispiele für Technologien, die zur Personalisierung der Customer Journey eingesetzt werden können.

Trotz der Vorteile der Personalisierung gibt es auch Herausforderungen, insbesondere in Bezug auf Datenschutz und die Balance zwischen Personalisierung und Aufdringlichkeit. Best Practices umfassen die transparente Kommunikation über Datennutzung, Einhaltung von Datenschutzbestimmungen und Streben nach einem Gleichgewicht, das den Kundenwert maximiert, ohne die Privatsphäre zu verletzen.

4.3 EINSATZ VON TECHNOLOGIE ZUR OPTIMIERUNG DER CUSTOMER JOURNEY

Die Bedeutung der Technologie in der Customer Journey ist nicht zu unterschätzen. Sie hat die Art und Weise, wie Unternehmen mit ihren Kunden interagieren, grundlegend verändert und bietet die Möglichkeit, große Mengen an Kundendaten zu sammeln, zu analysieren und darauf basierend personalisierte Kundenerlebnisse zu schaffen. Von CRM-Systemen über Big Data und Analytics bis hin zu KI und maschinellem Lernen – jede dieser Technologien kann dazu beitragen, die Customer Journey zu verfeinern und zu personalisieren.

CRM-Systeme sind das Rückgrat vieler Customer Journey Optimierungsstrategien. Sie ermöglichen es Unternehmen, Kundendaten zu sammeln, verwalten und analysieren, um ein tieferes Verständnis der Kundenbedürfnisse und -verhaltensweisen zu entwickeln. Durch die Integration von Kundendaten aus verschiedenen Quellen bieten CRM-Systeme eine 360-Grad-Sicht auf den Kunden, was für die Personalisierung der Customer Journey unerlässlich ist.

Big Data und Analytics spielen eine entscheidende Rolle bei der Entschlüsselung von Kundenverhalten und -präferenzen. Durch die Analyse großer Datenmengen können Muster und Trends identifiziert werden, die für die Gestaltung der Customer Journey relevant sind. Diese Erkenntnisse ermöglichen es Unternehmen, prädiktive Modelle zu erstellen und vorausschauende Entscheidungen zu treffen, um die Kundenerfahrung zu verbessern.

Künstliche Intelligenz (KI) und maschinelles Lernen revolutionieren die Personalisierung der Customer

Journey. Sie ermöglichen es, personalisierte Empfehlungen, Inhalte und Angebote in Echtzeit zu erstellen, basierend auf dem individuellen Verhalten und den Vorlieben jedes Kunden. Chatbots und virtuelle Assistenten, die auf KI basieren, können für eine effiziente und interaktive Kommunikation mit Kunden eingesetzt werden, was die Kundenzufriedenheit und -bindung erhöht.

Digitale Plattformen wie E-Commerce-Websites, mobile Apps und soziale Medien sind entscheidende Touchpoints in der modernen Customer Journey. Die Optimierung dieser Plattformen für eine nahtlose und ansprechende Kundenerfahrung ist entscheidend. Omnichannel-Strategien, die eine konsistente und integrierte Kundenerfahrung über alle Kanäle hinweg bieten, sind heute unerlässlich.

Der Einsatz von Technologie zur Optimierung der Customer Journey bringt auch Herausforderungen mit sich, insbesondere in Bezug auf Datenschutz und -sicherheit. Best Practices umfassen die Einhaltung von Datenschutzbestimmungen, die Sicherstellung der Datensicherheit und die kontinuierliche Anpassung an neue technologische Entwicklungen.

4.4 A/B-TESTS UND KONTINUIERLICHEVERBESSERUNG

A/B-Tests, auch bekannt als Split-Tests, sind ein Verfahren, bei dem zwei Versionen einer Webseite, einer E-Mail-Kampagne, einer Landingpage oder eines anderen Kundeninteraktionspunktes verglichen werden, um zu bestimmen, welche Version die bessere Leistung erbringt. Durch systematische Experimente können Unternehmen datenbasierte Entscheidungen treffen und ihre Strategien entsprechend anpassen.

Die Grundlagen der A/B-Tests beginnen mit der Erstellung von zwei Versionen eines Elements – Version A (die Kontrolle) und Version B (die Variation). Beide Versionen werden einem ähnlichen Publikum unter identischen Bedingungen präsentiert. Der Hauptunterschied zwischen den beiden Versionen kann in Designelementen, Inhalten, Funktionalitäten oder Angeboten liegen. Das Ziel ist es, herauszufinden, welche Version eine bessere Leistung in Bezug auf definierte KPIs wie Klickrate, Konversionsrate oder Kundenzufriedenheit erbringt.

Eine sorgfältige Planung ist entscheidend für den Erfolg von A/B-Tests. Dies beinhaltet die Festlegung klarer Ziele, die Auswahl relevanter KPIs und die Definition der Testparameter. Die Durchführung von A/B-Tests erfordert eine ausreichende Stichprobengröße und eine angemessene Testdauer, um statistisch signifikante Ergebnisse zu erzielen.

Nach Abschluss des Tests werden die Ergebnisse analysiert, um festzustellen, welche Version besser abschneidet. Diese Analyse sollte über oberflächliche Metriken hinausgehen und auch Faktoren wie Kundenverhalten und langfristige Auswirkungen berücksichtigen. Die Interpretation der Ergebnisse sollte darauf abzielen, Einblicke in das Kundenverhalten zu gewinnen und zu verstehen, warum eine bestimmte Version besser funktioniert.

Die aus A/B-Tests gewonnenen Erkenntnisse sollten genutzt werden, um kontinuierliche Verbesserungen in der Customer Journey vorzunehmen. Dies kann die Anpassung von Webseiten, die Optimierung von Marketingkampagnen oder die Verbesserung von Produktangeboten umfassen. A/B-Tests sind kein einmaliges Ereignis, sondern ein fortlaufender Prozess.

Regelmäßige Tests und Anpassungen sind entscheidend, um mit den sich ändernden Kundenbedürfnissen und Markttrends Schritt zu halten.

KAPITEL 5: MESSUNG UND ANALYSE DES ERFOLGS

Die Messung und Analyse des Erfolgs ist nicht nur eine Frage der Datenerfassung, sondern auch der Interpretation und Anwendung dieser Daten, um fundierte Entscheidungen zu treffen. In einer Ära, in der Daten allgegenwärtig sind, ist es entscheidend, die richtigen Metriken zu wählen und diese effektiv zu nutzen, um echte Einblicke in die Kundenerfahrung und das Kundenverhalten zu gewinnen.

Die Wichtigkeit der Erfolgsmessung liegt darin, dass sie Unternehmen ermöglicht, den ROI (Return on Investment) ihrer Marketing- und Kundenbeziehungsstrategien zu bewerten. Sie hilft dabei, die Effektivität verschiedener Taktiken und Kampagnen zu verstehen und informierte Entscheidungen über zukünftige Investitionen und Strategien zu treffen. Darüber hinaus bietet sie wertvolle Einblicke in die Präferenzen und Bedürfnisse der Kunden, was für die kontinuierliche Verbesserung der Customer Journey unerlässlich ist. Die Auswahl der richtigen Metriken ist entscheidend, um den Erfolg effektiv zu messen. Diese Metriken können von quantitativen Daten wie Konversionsraten und Verkaufszahlen bis hin zu qualitativen Daten wie Kundenzufriedenheit und Markenwahrnehmung reichen. Es ist wichtig, Metriken zu wählen, die direkt mit den Zielen des Unternehmens und den spezifischen Zielen jeder Kampagne oder Initiative in Verbindung stehen.

Moderne Technologien und Tools spielen eine entscheidende Rolle bei der Datenerfassung und

-analyse. Von fortschrittlichen Analytics-Plattformen bis hin zu CRM-Systemen – diese Werkzeuge ermöglichen es, große Datenmengen zu sammeln, zu verarbeiten und zu analysieren. Die Herausforderung besteht darin, aus der Fülle der verfügbaren Daten aussagekräftige Erkenntnisse zu gewinnen und diese in Aktionen umzusetzen.

In diesem Kapitel werden wir uns eingehend mit den Methoden der Erfolgsmessung und -analyse befassen. Wir werden untersuchen, wie Unternehmen effektive Messstrategien entwickeln, die richtigen Metriken aus-wählen und die gewonnenen Daten nutzen können, um ihre Customer Journey kontinuierlich zu verbessern. Ziel ist es, Ihnen ein umfassendes Verständnis der Bedeutung und der Praktiken der Erfolgsmessung zu vermitteln und Ihnen die Werkzeuge an die Hand zu geben, um den Erfolg Ihrer Marketing- und Kundenbeziehungsstrategien effektiv zu messen und zu analysieren.

5.1 MESSUNG UND ANALYSE DES ERFOLGS

KPIs sind quantifizierbare Maße, die verwendet werden, um den Erfolg einer Organisation in Bezug auf ihre primären Geschäftsziele zu bewerten. In Bezug auf die Customer Journey helfen KPIs dabei, die Leistung in verschiedenen Phasen der Kundeninteraktion zu messen und zu verstehen, wie gut ein Unternehmen die Bedürfnisse und Erwartungen seiner Kunden erfüllt. Die Auswahl der richtigen KPIs hängt von den spezifischen Zielen und der Art des Geschäfts ab. Es ist wichtig, KPIs zu wählen, die direkt mit den Zielen der Customer Journey und den übergeordneten Geschäftszielen verbunden sind. Beispiele für KPIs in der Customer Journey können Konversionsraten, Durchschnittswerte des Kunden-

lebenszyklus, Kundenzufriedenheits-Scores und Wiederkaufsraten sein.
In verschiedenen Phasen der Customer Journey sind unterschiedliche KPIs relevant. In der Awareness-Phase könnten KPIs wie Markenbekanntheit, Website-Traffic und Engagement-Raten in sozialen Medien relevant sein. In der Consideration- und Decision-Phase sind KPIs wie die Anzahl der Leads, die Konversionsrate und die Zeit bis zum Kaufabschluss von Bedeutung. In der Post-Purchase-Phase sind Kundentreue, -zufriedenheit und -bindung wichtige KPIs.
Für die effektive Nutzung von KPIs ist eine genaue Datenerfassung und -analyse unerlässlich. Dies beinhaltet die Nutzung von Analytics-Tools, CRM-Systemen und Kundenfeedback-Plattformen. Die Herausforderung besteht darin, aus den gesammelten Daten aussagekräftige Erkenntnisse zu gewinnen und diese in konkrete Verbesserungsmaßnahmen umzusetzen. KPIs sollten nicht nur zur Leistungsmessung verwendet werden, sondern auch als Grundlage für kontinuierliche Verbesserungen dienen. Durch die regelmäßige Überprüfung und Analyse der KPIs können Unternehmen Bereiche identifizieren, in denen Verbesserungen erforderlich sind.

Auflistung einiger KPIs nach Phasen der Customer Journey:

1. Awareness-Phase:

- Markenbekanntheit: Misst, wie gut die Marke innerhalb der Zielgruppe bekannt ist. Kann durch Umfragen oder die Analyse von Suchvolumen in Suchmaschinen ermittelt werden.
- Website-Traffic: Die Anzahl der Besucher auf der Website. Ein Indikator dafür, wie effektiv die Marketingaktivitäten sind, um Interesse zu wecken.

- Engagement-Raten in sozialen Medien: Misst Interaktionen wie Likes, Kommentare und Shares auf Social Media Plattformen. Zeigt, wie gut Inhalte bei der Zielgruppe ankommen.

2. Consideration-Phase:
   - Lead-Generierung: Die Anzahl der generierten Leads. Wichtig, um zu messen, wie effektiv die Marketingaktivitäten zur Kundengewinnung sind.
   - Click-Through-Rate (CTR): Der Prozentsatz der Nutzer, die auf einen Link oder ein Angebot klicken. Ein Maß für das Interesse und Relevanz der Inhalte.
   - Bounce Rate: Der Prozentsatz der Besucher, die die Website verlassen, ohne Aktionen durchzuführen. Ein niedriger Wert deutet auf relevanten Inhalt hin.
3. Decision-Phase:
   - Konversionsrate: Der Prozentsatz der Besucher, die eine gewünschte Aktion durchführen (z.B. Kauf, Anmeldung). Ein Schlüsselindikator für die Effektivität des Verkaufsprozesses.
   - Durchschnittlicher Bestellwert (Average Order Value, AOV): Der durchschnittliche Wert eines Kaufs. Wichtig, um die Rentabilität zu verstehen.
   - Kundenakquisitionskosten (Customer Acquisition Cost, CAC): Die Kosten, die entstehen, um einen neuen Kunden zu gewinnen. Ein wichtiger Indikator für Marketing- und Vertriebsaktivitäten.
4. Post-Purchase-Phase:
   - Kundenzufriedenheit (Customer Satisfaction, CSAT): Misst, wie zufrieden Kunden mit einem Produkt oder Service sind (Oft durch Umfragen)
   - Net Promoter Score (NPS): Misst die Wahrscheinlichkeit, dass Kunden ein Unternehmen weiterempfehlen. Ein Indikator für Kundenloyalität und -zufriedenheit.

- Kundenbindungsrate (Customer Retention Rate): Der Prozentsatz der Kunden, die über einen bestimmten Zeitraum hinweg treu bleiben. Ein wichtiger Indikator für langfristigen Erfolg und Kundenzufriedenheit.

5.2 TOOLS UND TECHNIKEN ZUR ERFOLGSMESSUNG

Die Erfolgsmessung in der Customer Journey ist ein komplexer Prozess, der eine Kombination aus quantitativen und qualitativen Daten erfordert. Um diesen Prozess effektiv zu gestalten, ist der Einsatz spezialisierter Tools und Techniken erforderlich. Diese reichen von Analytics-Software und CRM-Systemen bis hin zu Umfrage-Tools und Feedback-Plattformen.

Analytics-Tools wie Google Analytics, Adobe Analytics und ähnliche Plattformen sind entscheidend für die Sammlung und Analyse von Daten über Kundeninteraktionen auf digitalen Plattformen. Diese Tools bieten Einblicke in das Nutzerverhalten auf Websites und Apps, einschließlich Seitenaufrufen, Verweildauer, Konversionsraten und Kundenpfaden. CRM-Systeme sind unerlässlich für die Sammlung und Analyse von Kundendaten über verschiedene Touchpoints hinweg. Sie ermöglichen es Unternehmen, detaillierte Kundenprofile zu erstellen und die Interaktionen mit Kunden über verschiedene Kanäle zu verfolgen. Durch die Integration von Verkaufs-, Marketing- und Kundenservice-Daten bieten CRM-Systeme eine umfassende Sicht auf die Customer Journey.

Umfrage-Tools und Feedback-Plattformen wie SurveyMonkey oder Qualtrics und Trustpilot oder Yelp sind wichtig, um direktes Kundenfeedback zu sammeln. Diese Tools helfen Unternehmen, die

Kundenzufriedenheit und die Wahrnehmung ihrer Marke, Produkte und Dienstleistungen zu verstehen. Heatmapping-Tools wie Hotjar oder Crazy Egg bieten visuelle Darstellungen davon, wie Nutzer mit einer Website interagieren. Sie zeigen, wo Nutzer klicken, scrollen und wie lange sie auf bestimmten Bereichen der Seite verweilen. UX-Tools helfen dabei, die Benutzerfreundlichkeit und das Design von Webseiten zu optimieren, um die Kundenerfahrung zu verbessern. Social Media Analytics-Tools sind entscheidend, um die Interaktionen und das Engagement auf sozialen Plattformen zu messen. Sie bieten Einblicke in Follower-Wachstum, Engagement-Raten, Reichweite und die Stimmung in Bezug auf die Marke. Diese Tools sind wichtig, um die Wirksamkeit von Social Media Kampagnen zu bewerten und die Online-Präsenz eines Unternehmens zu optimieren.

Liste geeigneter Tools zur Erfolgsmessung einer Customer Journey:

1. Google Analytics: Tool zur Webanalyse, das detaillierte Einblicke in Website-Traffic, Nutzerverhalten, Konversionspfade und vieles mehr bietet.
2. Adobe Analytics: Bietet umfassende Analysen über Kundeninteraktionen auf verschiedenen Kanälen und Geräten, ideal für komplexe Journeys.
3. Hotjar: Ein Tool zur Visualisierung des Nutzerverhaltens auf Websites durch Heatmaps, Session-Replays und Umfragen.
4. SurveyMonkey: Eine Plattform für Online-Umfragen, die es ermöglicht, direktes Kundenfeedback effizient zu sammeln und zu analysieren.
5. Salesforce CRM: Ein umfangreiches Customer Relationship Management-System, das detaillierte

Einblicke in Kundeninteraktionen und -historien bietet.

- HubSpot: Eine All-in-One-Marketingplattform, die CRM, E-Mail-Marketing, Social Media Management und Web Analytics integriert.
- Kissmetrics: Spezialisiert auf die Analyse von individuellen Kundenreisen und Kundenengagement, um tiefere Einblicke in das Kundenverhalten zu gewinnen.

8. Mixpanel: Bietet fortschrittliche Analysefunktionen, um Nutzerinteraktionen auf Websites und in mobilen Apps zu verfolgen und zu analysieren.
9. Zendesk: Ein Kundenservice-Tool, das Kundeninteraktionen verfolgt und analysiert, um die Kundenzufriedenheit zu verbessern.
10. Hootsuite oder Sprout Social: Diese Tools bieten Social Media Analytics, um das Engagement und die Performance auf sozialen Plattformen zu messen.
11. Tableau: Ein leistungsstarkes Tool für Business Intelligence und Datenvisualisierung, das hilft, komplexe Daten aus verschiedenen Quellen zu analysieren und zu präsentieren.
12. Crazy Egg: EinTool zur Visualisierung des Nutzerverhaltens mit Heatmaps und Scrollmaps.

5.3 LANGFRISTIGE STRATEGIEN ZUR ERFOLGSSICHERUNG

Langfristiger Erfolg erfordert eine vorausschauende Planung, die zukünftige Markttrends und Kundenbedürfnisse berücksichtigt. Unternehmen müssen flexibel und anpassungsfähig sein, um auf Veränderungen in der Marktlandschaft reagieren zu können. Dies beinhaltet die regelmäßige Überprüfung und Anpassung der Geschäftsstrategie,

um sicherzustellen, dass sie den sich ändernden Anforderungen von Markt und Kunden bestehen.
Um langfristig erfolgreich zu sein, müssen Unternehmen kontinuierlich innovativ sein und ihre Produkte, Dienstleistungen und Prozesse ständig verbessern. Dies erfordert eine Kultur der Innovation, in der neue Ideen gefördert und umgesetzt werden. Die kontinuierliche Verbesserung der Customer Journey durch regelmäßige Analyse und Anpassung der Kundeninteraktionspunkte ist entscheidend, um die Kundenzufriedenheit und -bindung zu erhöhen.
Langfristiger Erfolg hängt stark von der Fähigkeit eines Unternehmens ab, starke und dauerhafte Beziehungen zu seinen Kunden aufzubauen. Dies erfordert ein tiefes Verständnis der Kundenbedürfnisse und die Bereitstellung von außergewöhnlichen Kundenerlebnissen. Die Pflege von Kundenbeziehungen beinhaltet personalisierte Kommunikation, exzellenten Kundenservice und die Schaffung von Mehrwert für die Kunden.
Daten und Technologie spielen eine entscheidende Rolle bei der langfristigen Erfolgssicherung. Die effektive Nutzung von Kundendaten und technologischen Innovationen kann Unternehmen dabei helfen, Einblicke in das Kundenverhalten zu gewinnen und ihre Strategien entsprechend anzupassen. Investitionen in fortschrittliche Analysetools, CRM-Systeme und KI-basierte Technologien können Unternehmen dabei unterstützen, die Customer Journey zu optimieren und personalisierte Kundenerlebnisse zu schaffen.
In einer zunehmend umweltbewussten und sozial verantwortlichen Gesellschaft ist es wichtig, dass Unternehmen Nachhaltigkeit und soziale Verantwortung in ihre langfristigen Strategien integrieren.

Dies kann dazu beitragen, das Markenimage zu stärken und die Kundenbindung zu erhöhen. Nachhaltige Geschäftspraktiken und soziales Engagement können neue Geschäftsmöglichkeiten eröffnen und zur Differenzierung von Wettbewerbern beitragen.

KAPITEL 6: ZUKÜNFTIGE TRENDS UND INNOVATIONEN

Die Bedeutung des Verständnisses und der Anpassung an zukünftige Trends kann nicht hoch genug eingeschätzt werden. Unternehmen, die in der Lage sind, sich schnell anzupassen und Innovationen zu integrieren, werden einen entscheidenden Wettbewerbsvorteil erlangen und besser auf die Bedürfnisse ihrer Kunden eingehen können. Dieses Kapitel wird nicht nur die neuesten technologischen Fortschritte beleuchten, sondern auch strategische Überlegungen und Ansätze für Unternehmen aufzeigen, um diese Entwicklungen effektiv zu nutzen.

Wir werden untersuchen, wie KI und maschinelles Lernen zunehmend in der Kundenanalyse, im personalisierten Marketing und in der Automatisierung von Kundeninteraktionen eingesetzt werden. Die Rolle der fortschrittlichen Datenanalyse wird betrachtet, insbesondere wie sie Unternehmen dabei unterstützt, tiefere Einblicke in das Kundenverhalten zu gewinnen und prädiktive Modelle für zukünftige Trends zu entwickeln. Wir werden die Zukunft der Personalisierung und ihre Auswirkungen auf das Kundenerlebnis erkunden, einschließlich der Entwicklung von hyperpersonalisierten Inhalten und Angeboten.

Die Rolle neuer Technologien wie Augmented Reality, Virtual Reality und Chatbots in der Schaffung immersiver und interaktiver Kundenerlebnisse wird beleuchtet. Wir werden auch diskutieren, wie Nachhaltigkeit und soziale Verantwortung zunehmend zu Schlüsselfaktoren in der Kundenbindung und Markenwahrnehmung werden.

6.1 EINFLUSS VON KI UND MASCHINELLEM LERNEN

KI und maschinelles Lernen ermöglichen eine bisher unerreichte Personalisierung in der Kundenkommunikation und im Marketing. Durch die Analyse von Kundendaten können diese Technologien individuelle Kundenpräferenzen erkennen und personalisierte Inhalte, Empfehlungen und Angebote generieren. Diese personalisierten Erlebnisse führen zu einer höheren Kundenzufriedenheit und -bindung, da Kunden sich verstanden und wertgeschätzt fühlen.

Darüber hinaus revolutionieren KI-gesteuerte Analysetools das Marketing und den Vertrieb. Sie können große Mengen an Daten verarbeiten und wertvolle Einblicke in das Kundenverhalten liefern. Diese Erkenntnisse ermöglichen es Unternehmen, ihre Marketing- und Vertriebsstrategien zu verfeinern und effektiver zu gestalten. Durch die Vorhersage von Kundenbedürfnissen und Kaufverhalten können Unternehmen proaktiv agieren und ihre Angebote entsprechend anpassen.

Auch im Kundenservice bewirken KI-basierte Chatbots und virtuelle Assistenten eine signifikante Verbesserung. Sie bieten schnelle, konsistente und rund um die Uhr verfügbare Unterstützung, können häufig gestellte Fragen beantworten, Probleme lösen und sogar komplexe Kundenanfragen bearbeiten. Dies entlastet das Kundenservice-Personal von routinemäßigen Anfragen, sodass sich Mitarbeiter auf komplexere und wertsteigernde Aktivitäten konzentrieren können.

Ein weiterer bedeutender Aspekt von KI und maschinellem Lernen ist die Fähigkeit zur Prognose und Trendanalyse. Diese Technologien sind in der Lage, zukünftige Trends und Kundenbedürfnisse vorherzusagen, was Unternehmen ermöglicht, vorausschauend zu planen und sich auf Veränderungen im Markt vorzubereiten. Die frühzeitige Erkennung von Trends und die Anpassung an diese können Unternehmen einen entscheidenden Wettbewerbsvorteil verschaffen.

Trotz der vielen Vorteile von KI und maschinellem Lernen gibt es auch Herausforderungen, insbesondere in Bezug auf Datenschutz, Datensicherheit und ethische Überlegungen. Unternehmen müssen verantwortungsvoll mit Kundendaten umgehen und transparente KI-Systeme einsetzen.

6.2 INNOVATIVE ANSÄTZE ZUR KUNDENBINDUNG

Personalisierung ist ein Schlüssel zur Kundenbindung. Es geht darum, die gesamte Kundenerfahrung auf die individuellen Bedürfnisse und Vorlieben jedes Kunden zuzuschneiden, was durch maßgeschneiderte Empfehlungen, personalisierte Angebote und individuell gestaltete Kommunikation erreicht werden kann. Die Nutzung von Kundendaten zur Schaffung einzigartiger, persönlicher Erlebnisse trägt wesentlich zur Steigerung der Kundenbindung bei.

Technologien wie KI, maschinelles Lernen und Datenanalyse spielen eine entscheidende Rolle bei der Entwicklung innovativer Kundenbindungsmethoden. Sie ermöglichen es Unternehmen, präzise Einblicke in das Kundenverhalten zu gewinnen und darauf basierend personalisierte Kundenerlebnisse zu schaffen. Mobile Apps, Chatbots und interaktive Plattformen bieten neue Wege, um mit Kunden in Kontakt zu treten und ihnen wertvolle Dienstleistungen anzubieten.

Der Aufbau einer Community um eine Marke herum ist ein effektiver Weg, um Kundenbindung zu fördern. Dies kann durch soziale Medien, Markenbotschafterprogramme oder Kundenforen geschehen. Engagement-Initiativen wie Treueprogramme, Wettbewerbe und interaktive Kampagnen können dazu beitragen, Kunden aktiv einzubinden und eine emotionale Bindung zur Marke aufzubauen.

Exzellenter Kundenservice und zuverlässiger Support sind grundlegende Aspekte der Kundenbindung. Schnelle, effiziente und empathische Kundenbetreuung kann die Zufriedenheit und Treue der Kunden erheblich steigern. Die Implementierung von Feedback-Systemen und die kontinuierliche Verbesserung des Kundenservice sind entscheidend, um den Erwartungen der Kunden gerecht zu werden und sie langfristig zu binden.

SCHLUSSWORT

Während wir nun am Ende dieses umfassenden Buchs zur Customer Journey gekommen sind, möchte ich die Gelegenheit nutzen, um die zentralen Erkenntnisse und die Bedeutung der behandelten Themen zu reflektieren. Die Reise, die wir gemeinsam unternommen haben, hat uns durch die vielschichtigen Aspekte der Gestaltung und Optimierung der Customer Journey geführt – von der Bedeutung der Kundenpsychologie über die Anwendung fortschrittlicher Technologien bis hin zu innovativen Strategien zur Kundenbindung.

Wir haben gesehen, wie entscheidend es ist, die Customer Journey nicht nur als eine Reihe von Interaktionen zu betrachten, sondern als eine fortlaufende Beziehung, die ständige Aufmerksamkeit und Pflege erfordert. Die Welt des Marketings und der Kundenbeziehungen ist dynamisch und erfordert eine kontinuierliche Anpassung und Innovation, um den sich wandelnden Bedürfnissen der Kunden gerecht zu werden und im Wettbewerb bestehen zu können.

Die in diesem Buch vorgestellten Konzepte, Strategien und Tools sollen als Leitfaden dienen, um Ihre Customer Journey zu analysieren, zu verstehen und zu verbessern. Es ist wichtig, sich daran zu erinnern, dass jede Customer Journey einzigartig ist und dass die erfolgreiche Anwendung dieser Erkenntnisse eine maßgeschneiderte Herangehensweise erfordert, die auf die spezifischen Bedürfnisse Ihres Unternehmens und Ihrer Kunden zugeschnitten ist.

Printed in Poland
by Amazon Fulfillment
Poland Sp. z o.o., Wrocław

53818288R00048